PRESENTAZIONE

Questo lavoro è stato ricavato dalle testimonianze succedutesi nel tempo (dal 1989 al 2005) e pubblicate negli "Annuari" della **Ad Undecimum** Associazione culturale per la ricerca storica ed ambientale di San Giorgio di Nogaro, cui va il plauso per quanto ha prodotto fin qui e per quanto continua incessantemente a produrre.

Le testimonianze ivi riportate sono state rese in particolare da Italo (Nino) Zaina e da Rodolfo (Rudi) Volpat.

Altre pagine, pur non parlando preminentemente della famiglia Pascolutti, sono comunque legate al periodo storico e alla località (via Lovar) coinvolte nella narrazione.

E' il caso delle testimonianze contenute nei seguenti brani: "come giocavamo", "emigrazione", "1915 e dintorni - ospiti illustri", "Il principe caporale".

La documentazione su Nazario Sauro è un doveroso omaggio all'eroe istriano che veniva ospitato spesso in casa Pascolutti.

Nella novella "Il ponte sull'ara" di Ferruccio Costantini, è poi menzionata Lavinia figlia di Volpat Ernesto e Pascolutti Ida.

Un ringraziamento particolare al dott. Orazio Sudano per la documentazione sulla permanenza dei profughi in Sicilia, a Solarino, e al figlio Giovanni per la disponibilità offertami al fine di rintracciare gli eredi di Rodolfo Volpat.

Lucio Pascolutti

I PASCOLUTTI

I Pascolutti, dopo i Fornezza era la famiglia di piccoli armatori che meglio conoscevo fin dalla mia infanzia: abitavano - e i discendenti e parenti vi abitano ancora - a metà di via Lovar, in tre case diverse con il grande orto che si prolunga fino alla ferrovia.

L'edificio più bello era Villa Angiolina, prospiciente la via. Il fatto di possedere una fontana propria era, a quei tempi, un segno di agiatezza e i Pascolutti ne possedevano una da due pollici.

Questo casato vantava uomini fisicamente vigorosi, ben confezionati e portati quasi tutti, in età avanzata, a quella pinguedine che dona all'uomo rispetto e ammirazione.

Il vecchio Antonio, proprietario di Villa Angiolina e di un motoveliero, andato in pensione, passava il tempo a tagliare e cucire vele e incerate per i marinai.

Aveva avuto tre figli:

-Gilberto, che sposò la cugina di mio padre, Erminia Zaina.

-Ida, andata sposa ad un Volpat di Trieste,

-Dante che, nel 1917, sergente maggiore del Genio Lagunare, era direttore di macchina di un mezzo navale dell'Esercito a Marano.

Dopo la I Guerra, Dante che con la moglie Maria di Pieris e i figli Vasco, Nives e Ardea abitava col padre Antonio, divenne I ufficiale di macchina sulla prestigiosa motonave "Saturnia" della Società Triestina di Navigazione dei fratelli Cosulich.

Nell'ultimo edificio viveva con la famiglia, il vecchio marinaio Giuseppe (barbe Bepo Giandus), la cui moglie, Domenica Del Pin (*agne Minighine*), era la zia del famoso Azzo-Gino Del Pin, tenente di vascello sull' incrociatore "San Giorgio" che a Tobruk, appena iniziata la II Guerra mondiale, il 28 giugno del 1940, colpì e abbatté, con l'antiaerea di bordo, l'aereo di Italo Balbo.

Su questo episodio chiesi un chiarimento e un giudizio personale allo scrittore e giornalista sangiorgino Bruno D'Agostini; nel gennaio del '45 fui per due giorni suo ospite clandestino (vivevo alla macchia, perché ricercato) e Bruno voleva conoscere il nostro movimento, l'"Osoppo".

In quell' occasione ricordai al mio ospite la sua bella e circostanziata relazione uscita, se ben ricordo, nel "Messaggero" di Roma, sulla fine dell'incrociatore "San Giorgio" dove, oltre al tenente di vascello Del Pin, era pure imbarcato il caporale di marina Tomba Luigi, sangiorgino, ancora vivente e abitante in via Bombajù, classe 1919.

Chiesi al nostro giornalista se Del Pin fosse responsabile dell'errore che costò la vita al trasvolatore atlantico, allora Governatore della Libia e Bruno mi confermò il sospetto, a quei tempi abbastanza diffuso, che forse l'ordine era partito da molto in alto...

Il Comandante dell'incrociatore non solo non fu rimosso, ma sia lui, sia molti ufficiali, sottufficiali e marinai furono decorati con medaglia d'argento e croce di guerra, dopo che la gloriosa "San Giorgio" fu auto-affondata nel porto di Tobruk.

A questo punto mi sia concessa una disgressione sulle vicende di questa nave da guerra, per stender la quale devo un ringraziamento all'amico Tomba Luigi che mi ha fornito la documentazione di cui è in possesso.

L'incrociatore "San Giorgio", varato a Castellamare di Stabia il 27 luglio 1908; era lungo 131 metri, dislocava 9813 t. ed era fornito del seguente armamento: quattro pezzi da 254, otto da 190, diciotto da 76, due da 75, due da 47, due mitragliere e tre lanciasiluri. Teneva in servizio 32 ufficiali di Stato Maggiore e un equipaggio di 666 uomini. Aveva per motto "Tutor et ultor" (Difensore e vendicatore).

Nel 1940 l'equipaggio è formato per due terzi da richiamati. L'11 maggio 1940, alle ore 24, salpa da Taranto e il 13 getta l'ancora nella rada di Tobruk.

Rosario Viola è il Comandante dalla partenza fino al novembre del 1941, quando, decorato di medaglia d'argento e promosso Capitano di vascello, lo sostituisce il capitano di vascello Stefano Pugliese fino alle ultime ore della nave.

"Il tenente di vascello Azzo-Gino Del Pin, (figlio del sangiorgino Pio Del Pin), primo direttore di tiro fin dal 13 maggio 1940, stette costantemente sulla coffa d'osservazione, rimanendo così giorno e notte sospeso tra ciclo e mare. Tra i suoi uomini egli fu con la parola, l'opera e, più di tutto, con l'esempio un grande animatore e suscitatore di energie; fu un sagace e saggio organizzatore dei più impensati mezzi e sistemi di autodifesa e offesa; la "San Giorgio" ha trovato in lui moltissimi elementi delle sue continue vittorie.

Il tenente di vascello Del Pin fu decorato due volte, per la difesa della "San Giorgio", di medaglia d'argento e medaglia di bronzo.

Il 15 gennaio 1941 le artiglierie nemiche inquadrano la base navale di Tobruk, il deposito di nafta e in particolar modo la "San Giorgio". La nave rispose con furore nuovo.

Il giorno 21 gennaio, alle ore 2.30 circa, due incrociatori nemici, a 5 miglia da Tobruk, bombardano le difese terrestri.

Poco dopo una formazione di aerei inglesi comparve all'orizzonte, illuminata dalle lame bianche dei riflettori. In breve il rombo dei motori si unì agli schianti delle esplosioni e le vampe delle granate, i razzi lunghi degli shrapnels lacerarono il buio...

Tutta la baia risplendeva come piena di metallo in fusione.

Dentro le lenti del binocolo il tenente di vascello Del Pin vedeva la terra aprirsi sotto l'urto dei proiettili sparati contro le truppe australiane penetrate entro la cintura di difesa di Tobruk.

Un'altra colonna avanzava sulla strada di Bardia e una di autoblinde scendeva verso il bivio Bardia - Derna.

Il tenente di vascello Del Pin fece aggiustare il tiro da quella parte. Dalla coffa di osservazione il suo sguardo scorreva sulle linee della costa...

Dava gli ordini come sempre e i suoi uomini li eseguivano come sempre, ma tutti sapevano che erano quelli gli ultimi colpi della "San Giorgio".

Il combattimento durava da quindici ore... il giorno cominciava a declinare e le fiamme sembravano moltiplicarsi attorno a Tobruk... Allora il comandante

Pugliese decise lo sbarco dell'equipaggio.

Dopo di che la "San Giorgio" sarebbe affondata... perché non doveva cadere intatta in mano al nemico. Il direttore di macchina preparò il deposito munizioni per l'esplosione della nave e gli uomini dell'equipaggio ebbero l'ordine di tenersi pronti.

Tolsero dal cofano la bandiera e lo stendardo di combattimento e li dettero in consegna al tenente di vascello Gino Del Pin.

Dopo due ore, alle 23.00 non rimase più a bordo nessuno. Alle 23.30 l'esplosione non era ancora avvenuta.

Temendo che la miccia si fosse spenta, il Comandante col Vice e Del Pin, il capitano La Rocca, il tenente Bucioni e il capo silurista Alessandro Montagna, su una motobarca, volle accertarsi di quel che accadeva a bordo.

Poco dopo fu udita l'esplosione, ma quando la motobarca ritornò due uomini mancavano: Bucioni e Montagna erano periti nella messa in opera dell'esplosione, nel compito che si erano assunti, consapevoli del sacrificio necessario. Quando il 21 giugno Tobruk fu riconquistato dopo soli sei mesi, in mezzo alla rada, la vecchia "San Giorgio" non era del tutto sommersa; levava sulle acque turchine piene di sole il picco di un pennone. Su quel picco fu issato un tricolore, come la decorazione che si assegna a un veterano per riconoscere e compensare i lunghi servizi della coraggiosa nave.

(Queste note sono tratte dal libretto "LA NAVE MISTERIOSA" "SAN GIORGIO" di Michele Paturzo - per gentile concessione del proprietario Tomba Luigi, a quel tempo in servizio sulla "San Giorgio" come caporale di marina e si riporta allegata la fotocopia dell'articolo pubblicato nel 1941 sul quotidiano udinese).

S. Giorgio di Nogaro "Viva San Giorgio"

Su tutti i giornali è stato ampiamente riferito, dell'epica e gloriosa impresa del Comandante Gino Del Fin, sfuggito al nemico portando in salvo la freccia della bandiera di combattimento della nave «San Giorgio» attraversando il Mediterraneo con un piccolo veliero.

Dalla bellissima e commovente descrizione di Orio Vergani apparsa nel «Corriere della Sera» e riportata dal nostro giornale si rileva che «mentre il comandante Del Fin e compagni, ricevono dalla voce di coloro, che purtroppo devono rimanere, il saluto da recare in Patria, una voce si leva, è quella del cannoniere friulano Tomba che grida: Sior comandante! Sempre in gamba! Viva San Giorgio».

Quella voce era quella di un nostro forte e baldo figlio sangiorgino: Luigi Tomba di Pietro, apprezzato e conosciutissimo nel nostro centro.

Il Tomba proviene dall'Avanguardia della primissima ora ed ha sempre contribuito con passione alla causa fascista.

Anche il Comandante Del Pin è legato a S. Giorgio di Nogaro, poiché il padre Pio Del Pin è un sangiorgino.

Le parole del baldo cannoniere Tomba rivestono un particolare significato poiché gridando «Viva San Giorgio», egli ha voluto forse ricordare il proprio paese e la propria terra ed esprimere tutto il suo orgoglio di combattente sulla nave che porta il nome del paese lontano e indimenticabile.

A questi eroici figli friulani, esprimiamo la nostra fiera ammirazione.

Giuseppe, figlio di Francesco Pascolutti, cugino di Azzo - Gino Del Pin, mi riferì che l'eroe di Tobruk si è ucciso nel 1961, sparandosi un colpo di pistola.

Italo Zaina

LA FAMIGLIA MUSCHIETTI

Penso non vi sia alcuno a San Giorgio, ancorché carico d'anni come me, che abbia memoria della famiglia Muschietti, la quale, agli inizi del secolo, dimorava nella casa retrostante a quella definita - chissà perché - "palazzina", prospiciente la via Lovar.

Questa era abitata dai miei nonni Pascolutti e, dal gennaio del 1915, a causa dell'incombente aria di guerra, da noi Volpat, provenienti da Trieste, con esclusione di mio padre.

Il capo famiglia dei Muschietti, Enea, da me visto a San Giorgio si e no tre quattro volte, è il protagonista principale di questi miei antichi aggrovigliati ricordi.

Desidero premettere che in un breve arco di tempo la famiglia Muschietti scomparve da San Giorgio senza lasciare di sé traccia alcuna; almeno per quanto m'è dato sapere.

Come parente e con discreta memoria posso ricordare, almeno in parte, le vicende che la portarono al dissolvimento.

Con questo intento penso di fare cosa non inutile in quanto tali vicende, non proprio comuni seppure naturali, possono suscitare qualche interesse in coloro che della storia civica di San Giorgio sono cultori o comunque solo curiosi di conoscere le umane vicende di talune famiglie cresciute o insediatesi in paese quando esso, pur non privo di talune peculiarità, non poteva certo essere definito come luogo all'avanguardia per i progressi del tempo.

In dipendenza della guerra 1915-1918 San Giorgio divenne improvvisamente località molto importante stante i vari insediamenti di carattere militare in esso subitamente sorti.

Da ricordare in particolare la cosiddetta Università Castrense per allievi ufficiali medici, il vasto parco del Genio, gli ospedali da campo a sovrintendere i quali vi era la Duchessa d'Aosta consorte del comandante la 3a Armata (era ospitata presso la famiglia Canciani a Villa Dora). Da non trascurare poi l'importanza della sua posizione e, soprattutto, del suo nodo ferroviario. Ma il parlarne più a lungo ci porterebbe fuori della storia che mi sono prefisso di raccontare.

Allo scoppio della guerra, quando il suo capo, richiamato, partì per il fronte, la famiglia Muschietti era composta da Maria (*Mariute*) Pascolutti, cugina di mia madre e dai figli Francesco (*Checchi*) e Umberto.

Cosa fosse e cosa allora facesse Enea l'ho sempre ignorato. Sapevo soltanto ch'egli apparteneva ad una nobile famiglia di Portogruaro e che nei primi anni del secolo, forse per puro caso, aveva conosciuto e s'era infiammato d'amore per la bionda attraente Mariute portandola in breve tempo all'altare.

Ebbero, come sopra detto, due figli: Checchi che aveva la mia età e del quale dirò più avanti e Umberto d'un paio d'anni più giovane. Questi, al tempo cui mi riferisco, era un bimbo quieto, poco espansivo, paffuto e roseo, dai capelli biondi ricciuti. Amava trastullarsi solingo con giocattoli di fortuna, talvolta -ricordo- inseguendo una covata di pigolanti pulcini, o nell'orto che si estendeva fino alla linea ferroviaria e da dove, a tratti, uscivano i lamentosi grugniti di un maiale.

Penso non frequentasse l'asilo, almeno nel periodo che ricordo.

Checchi era l'opposto del fratello. Scuro di carnagione e di capelli, un po' scarso d'altezza, occhi neri espressivi, amabilmente estroverso. Eravamo molto amici io e Checchi: lo giudicavo intelligente, leale, un po' sognatore e avido di conoscenze. A scuola, quando dopo la requisizione militare per motivi bellici vennero trovate per gli scolari delle aule di fortuna, era diligente, attento e traeva molto profitto. Era anche d'animo generoso e rispettoso verso tutti, e da tutti benvoluto.

Data l'età, tuttavia, non poteva essere giustamente in grado di discernere se una determinata cosa fosse bene compierla o meno.

S. Giorgio di Nogaro, il municipio durante la grande guerra (Coll. Ballestriero).

Un esempio: quando dopo le nostre gioiose scorribande attraverso campi o lungo le rive del Corno e dell'Ausa lo incitavo a seguirmi nel sottrarre dall'orto-giardino della contessa Vucetic qualche frutto, vi aderiva, partecipando con gioiosa prontezza senza minimamente pensare a possibili negative conseguenze. Certo, allora, io non ero più riflessivo di lui.

La contessa Vucetic, dalla figura molto alta, magra, austera nel portamento, ma dolce nel tratto, il cui marito poco prima dello scoppio della guerra se n'era andato a Vienna, era in buona amicizia con mia madre per l'opera meritoria da entrambe svolta presso diversi ospedaletti militari.

Il fatto curioso è che la nobildonna aveva permesso a me e a mio cugino Antonio di entrare liberamente nel parco dove, retrostante al palazzo, v'era l'orto-giardino che riceveva le attente cure della fedele "turchetta" (una ragazza piuttosto piccola dalla pelle scura) e la presunta salvaguardia del sempre sonnacchioso "San Bernardo".

Lo "zio" Enea, era al fronte, sul Carso. Si seppe che era stato ferito, ma in modo non grave. Io, decenne, non potevo interessarmi ai fatti di guerra se non per quanto potevano soddisfare la mia curiosità ed i miei infantili interessi.

Con la rotta di Caporetto e l'esodo da San Giorgio mi divisi da Checchi.

Ci rivedemmo soltanto nel 1920 a Pirano in Istria dove, causa la natura instabile di mio padre, noi Volpat andammo ad abitare.

Checchi, "ospitato" a bordo del trabaccolo "Nuova Provvidenza" di mio zio Gilberto Pascolutti, fungeva volontariamente da "more", ossia da mozzo di bordo.

In effetti Checchi, gran sognatore, amava il mare perché navigando lo avrebbe portato a conoscere nuovi lidi ed altri popoli.

Queste le sue aspirazioni, sempre sognate. Purtroppo i suoi sogni e le fantasie di cui amava alimentarsi si infransero proprio nella città di Tartini verso la fine del 1922.

Una mai chiarita fulminea malattia troncò la sua giovane vita. Io soffersi per la sua perdita perché sentivo per lui un grande trasporto. Gli volevo veramente bene sapendo di essere ricambiato.

Nel cimitero, situato in alto del colle dal quale la chiesa di S. Giorgio sovrasta la città con il suo porticciolo, il caro Checchi precedette di poco mia madre la cui morte avvenuta a soli 41 anni mi lasciò durante tutta la mia giovinezza un profondo sconforto non scevro da un senso di colpa per non averla amata di più in vita.

Prima di quel doloroso evento lo zio Enea, incostante e di carattere volubile, refrattario a certe regole e disinibito per quanto concerne i doveri che incombono su chi li ha assunti, aveva abbandonato tutti recandosi prima in Francia e quindi a Gibuti, la capitale della colonia francese sul golfo di Aden.

Per quali strani motivi si fosse allontanato dall'Italia, pur amata, per recarsi così lontano, resta un mistero! E dire che, seppure un po' strano, era tuttavia stato ritenuto uomo refrattario ad ogni soluzione di comodo e del tutto alieno da ogni compromesso con la sua dirittura morale. Anzi, era capace anche -a seconda dell'estro- di empiti di generosa effusione e forte attaccamento. L' insondabilità dell'animo preclude ogni giudizio. Una cosa d'altro lato era certa: aveva compiuto con onore il suo dovere di soldato dimostrando sentimenti di vero patriottismo; direi, anzi, che Enea Muschietti era più amante della patria che di altri legami. Invero, come dirò più avanti, non si tratta di abbandono familiare, ma di temporaneo distacco.

Si venne a sapere che a Gibuti era impiegato presso la società che gestisce la ferrovia che unisce Gibuti ad Addis Abeba. Nulla di più preciso che lo riguardasse.

Ecco, questo è l'antefatto di quanto racconto, che io ricordo con estrema lucidità come non fossero trascorsi più anni e le distanze, a motivo del progresso tecnico, non si fossero quasi del tutto annullate, oggi a fine secolo ventesimo.

All'inizio del 1923, sedicenne, venni arruolato nella Regia Marina per interessamento dell'ammiraglio Ciro Canciani e nel 1924, a novembre, dopo un anno trascorso alle Scuole del Varignano (La Spezia) e di Messina, oltre a brevi imbarchi su navi leggere, mi ritrovai come passeggero sulla R. Nave Campania, "vecchio ferro da stiro" come veniva chiamata dall'equipaggio, azionata a carbone.

Facevo parte di una Commissione, destinata a rilevare dagli inglesi il centro radio di Chisimaio nell'Oltregiuba.

Ciò, anche tardivamente, a seguito degli accordi stabiliti con il trattato italo - inglese del 1915 per la nostra entrata in guerra a fianco dell'Intesa.

A bordo appresi con piacere che la nave, dopo Hodeida nello Yemen (scalo dove venne caricato un certo numero di agnelli e pecore barattate con fucili), avrebbe fatto sosta anche per caricamento carbone a Gibuti.

San Giorgio di Nogaro – Villa de Vucetich –Bieliz (Coll. Ballestiero)

Avrei così avuto modo di rivedere lo zio Enea, appagando la mia curiosità di sapere cosa faceva e come viveva in terra d'Africa. Io avevo perso ogni contatto con San Giorgio e nulla sapevo dei miei lontani parenti. Peccato perché avrei potuto dargli notizie sul loro stato.

Così, sbagliando, avevo pensato.

Ecco la Campania, lasciando il Mar Rosso, entrare nell'Oceano Indiano, nel Golfo di Aden e quindi nella vasta insenatura dov'è la colonia francese dei Somali.

Alle prime ore del mattino, con cielo sereno malgrado fossimo nella stagione delle piogge, periodo in cui si nutre la terra sitibonda, la nave entra nella rada e quindi nel porto di Gibuti.

Vista da distante la città, con le sue case bianche e ocra e, lontano, più accentuata, la linea di colline piatte, brulle, striate di color grigio scuro, appare più estesa di quanto non sia in realtà. La nave attracca aduna banchina con la poppa dalla cui asta pende, floscio, il tricolore d'Italia.

Vé parecchia gente - bianca e nera - convenuta sul molo nonostante l'ora mattutina, segno che si sapeva che una nave italiana sarebbe giunta colà.

Quando, espletate tutte le formalità di rito con le locali autorità marittime, ottenni il permesso di scendere a terra, girai lo sguardo attorno presentendo che lo zio Enea sarebbe stato tra gli astanti. Decisi di rivolgermi a qualcuno. "Eccolo là, quello alto e grosso vestito in bianco" mi indicò con ostentata compiacenza il poliziotto francese.

Mi diressi stranito ed alquanto emozionato verso lo zio che non ricordavo più fisicamente.

Mi presentai come ad un superiore.

Sulle prime parve non comprendere, indugiando nell'osservarmi; poi il suo volto rubicondo divenne paonazzo e i folti mustacchi neri letteralmente gli si drizzarono.

E dalla incredulità del primo momento passò subitaneo alla gioia più sfrenata.

Mi avvidi allora che lo zio era un uomo alquanto singolare, direi stravagante. Non mi lasciava proferire parola, diceva tutto lui; ad ogni sua domanda - ed era un profluvio di parole - tentavo di replicare, ma egli mi precedeva fabbricandosi colorite risposte.

Non avevo mai incontrato un uomo tanto effusivo e dal parlare così fluido e fiorito. Pensavo che le persone da molto tempo risiedenti in colonia diventassero taciturne e introverse, ma mi avvedevo che dovevano esserci delle eccezioni.

Gli ero capitato inaspettatamente da migliaia di miglia di distanza e a quel tempo (voglio ricordare che siamo nel 1924) compiere un viaggio così lungo, soltanto via mare, non era né comune né agevole.

Rimasi sbalordito da una notizia che, peraltro, mi procurò immensa gioia: Mariute e Umberto erano a Gibuti da quasi un anno.

Per alcuni istanti il mio pensiero si fissò su quella notizia creando lontane immagini, mentre lo zio mi aveva detto la cosa nel modo più naturale ed era, a ben considerare il fatto, logico che così fosse. Dirigendoci verso casa (una sorta di baraccone nella zona della ferrovia); lo zio, garrulo e gioioso, io osservavo l'ambiente e le persone: qualcuna salutava con un gesto della mano ma con somma indifferenza.

L'accoglienza di Mariute non è cosa da poter descrivere.

Per un momento, non riconoscendomi, parve solo stupita. Poi s'illuminò con un sorriso che a me parve di tristezza; forse per un attimo credette d'essere nella sua San Giorgio. Constatai che era molto mutata da quando l'ultima volta la vidi a Pirano al funerale del figlio Checchi.

Dalla floridezza d'allora pur cólpita dal dolore materno, ora appariva smunta, grigia, molto deperita come fosse preda di una grave malattia. Ed era così.

Il suo declino fisico era d'altronde accompagnato da quello morale. Gibuti, non molto tempo dopo, le sarebbe stato fatale. Con me si sforzò d'essere espansiva e di apparire giuliva, cosa che invece non avvenne con Umberto che non dimostrò né soverchia sorpresa né grande interesse per me, che forse vagamente ricordava.

Prima di parlare dell'abitazione dei Muschietti desidero ricordare che l'esigua collettività accolse la Campania con viva gioia, espressa in varie forme.

Lo zio Enea poi, in fatto di patriottismo non era secondo ad alcuno. E per questo e per tutti gli italiani di Gibuti la nostra nave era l'Italia e l'intenso sguardo dei più era a tratti fisso alla bandiera che dell'Italia era il simbolo.

Si sollevarono acclamazioni d'addio e lo zio Enea vi primeggiava, sovrastando con la sua poderosa figura chi lo attorniava.

E, mentre le salve d'uso rintronavano cupe con un eco lontana tra lo stridio dei gabbiani svolazzanti in ogni direzione e la nave iniziava il movimento, egli, ben visibile da bordo, continuava ad agitare il casco, alto sopra la testa, sempre più lentamente come se la Patria, visibile nella sua mente, si smaterializzasse e scomparisse del tutto per lasciare soltanto l'infinità del ciclo e la distesa immensa dell'elemento mare.

Per lui infatti quel lembo di Patria scomparve d'un subito, senza ch'egli, forse, un giorno di una decina d'anni più tardi avesse avuta la gioia di rivedere il tricolore piantato, sia pure in modo effimero, dai nostri soldati proprio ai margini di quella terra per lui avara di tutto fuorché di appassionata struggente nostalgia.

Il tempo che seguì mi estraneo dalla triste vicenda di quel tardo novembre del 1924, e nulla più venni a sapere della famiglia Muschietti.

La vita, con il suo altalenare di sprazzi di luce e di foschi riverberi, distolse dalla mia mente il ricordo di quei lontani parenti, ricordo che era ricordo vivissimo nella mia mente.

Rudi Volpat

Successivamente al contributo di Mauro Muschietti, che trovate qui sotto, abbiamo ricevuto dalla Svizzera l'intervento di Giuseppe Muschietti che documenta come la famiglia sia originaria del Malcantone - una regione del Canton Ticino - fin dal 1400!
Giuseppe Muschietti lo trovate all'indirizzo:
gmuschietti@bollabonzanigo.ch

La famiglia Muschietti oggi, dicembre 2000 di Mauro Muschietti.

Ieri sera, 8 Dicembre 2000, navigando su Internet e facendo una ricerca sul mio cognome mi sono imbattuto nell'articolo: La famiglia Muschietti di Rudi Volpat sull'Annuario del 1996 edito dall'Associazione Ad Undecimum.
Dal sito Ad Undecimum --> Annuario 1996 --> Muschietti
La foto risale al 1937, la casa è quella di Gibuti.

1. mio bisnonno Enea Muschietti
2. mio nonno Umberto Muschietti
3. mia nonna Maria Cosmo
4. mio babbo Gianfranco Muschietti

Sono rimasto molto sorpreso, ho letto quello che i miei nonni mi avevano sempre trasmesso a voce. Dopo la Guerra si sono trasferiti a Conegliano Veneto e lì mio babbo ha studiato Enologia.

Alla fine degli anni '50 si è trasferito nel Chianti come direttore di una famosa cantina vinicola insieme a mia mamma Gianna Angeli di Conegliano. Nel cuore del Chianti siamo nati noi, Michela, Mauro (io) e Massimo, tutti Muschietti.

Di mio bisnonno Enea ho solo qualche "leggendario" ricordo, un paio di articoli di giornale risalenti al dopo guerra, e qualche foto (come quella che vi invio). Tutto quello che so è quello che mi hanno raccontato mio nonno e mia nonna prima della loro scomparsa. Sono sempre stato molto curioso delle avventure dei miei avi.

Qualche anno fa ho fatto una ricerca più a largo raggio delle mie origini ed ho scoperto di avere parenti in Svizzera (paese di origine della famiglia Muschietti e dove, sembra, che ci sia ancora un castello con il nostro nome), Argentina (un avo emigrato intorno alla fine dell'800), e in Italia. I Muschietti italiani che trovate facilmente su Internet derivano dai fratelli di Enea. Una bella occasione, forse, per riaprire un articolo altrimenti chiuso.

FUGA DA VIA LOVAR

Vivevo dal luglio del 1914 presso mio nonno (Antonio Pascolutti) che qui viveva dopo aver trascorso circa 40 anni a Trieste (aveva un laboratorio di tele cerate che si usavano sia per gli uomini a mo' di impermeabili con cappuccio, sia per la copertura di cavalli che allora erano usati come mezzo di trasporto).

Con quanto risparmiato in tanti anni s'era, tra l'altro, fatto costruire una casa in via Lovar sulla sua parte di terreno venutogli in eredità. Adiacenti ad un lato posteriore c'erano le abitazioni di Anute (Muschietti) e di un altro Pascolutti.

Ricordo però che la casa era più che modesta pur primeggiando in modernità su quelle dei congiunti ed in genere su tutte quelle di Via Lovar di quel tempo.

Con mia madre (Ida 1881) e le mie sorelle Everilda (1904) e Lavinia (1909) c'eravamo rifugiati a S. Giorgio a seguito del richiamo alle armi (sotto l'Austria) di mio padre.

Con i nonni e noi viveva nella così detta "palazzina", Angiolina, la maggiore dei Pascolutti (famiglia di Gilberto capitano di piccolo cabotaggio abitante in via Marittima nel cortile adiacente alla casa del segretario comunale Chiaruttini, marito di Irene, cugina di mia madre e dei fratelli).

Logicamente anche noi Volpat frequentavamo la scuola. Io, nel 1915, la terza nell'edificio sede del Comune. Dopo lo scoppio della guerra e conseguente requisizione, frequentai le anguste aule ricavate nella casa adiacente alla Chiesa e, se ben ricordo, per breve tempo, la scuola di via Lovar.

Tralasciamo i due anni e mezzo che ci separano per arrivare all'ottobre 1917.

Dirò solo che venendo da Trieste dove noi tre fratelli siamo nati (anche mia madre), io venivo chiamato dai coetanei il "todesc", cosa che rendeva furibondo mio nonno.

Dopo questa premessa eccoci verso la fine d'ottobre.

Nessuno sapeva ciò ch'era accaduto al fronte e meno che meno noi ragazzini. Il trambusto di carri militari e civili di quei giorni, il via vai di soldati e ufficiali, presagiva però qualcosa di poco rassicurante.

C'era gente in preda al terrore che lasciava San Giorgio, cioè scappava perché -si diceva- i "todescs" erano vicini. Il nemico era crudele, ammazzava i bambini, violentava le donne, e così via.

E fu così che una domenica piovosa, convulsamente vissuta da centinaia di persone esagitate, anche i Pascolutti decisero di fuggire ed andare verso l'ignoto. Allora non si usavano valigie (chi viaggiava?) per cui le cose che si ritennero utili da portare via costituirono dei "fagotti".

Ricordo la cura della nonna (Angela Ietri) nel chiudere la casa con le chiavi e poi a mezzo di via Lovar ritornare per chiudere il "cjut" dov'era il maiale, nell'orto retrostante la casa.

Giunti alla stazione, di fronte alla quale v'era l'albergo con tale nome, trovammo tanta altra gente che, sotto la pioggia, attendeva il treno, non certo con carrozze viaggiatori.

Si diceva che presto avrebbero fatto saltare i ponti. Sui binari v'erano carri in movimento, di quelli aperti che servono per il trasporto di ghiaia o simili materiali. Il clamore, soprattutto dovuto alle donne per badare ai figlioli, era fortissimo e la confusione massima.

Pianti, urla, vociar di uomini, di soldati.

Salimmo di forza su un carro già quasi pieno di gente e di soldati; con difficoltà si riusciva a trovare una sistemazione, se tale poteva essere uno scomodo posticino dove sedersi a turno.

I Pascolutti di Berto erano tanti e mia zia Erminia Zaina era incinta di quasi nove mesi. Io dovevo aver cura del piccolo Vasco (secondo figlio di Dante, allora militare a Marano dove, come sergente maggiore del Genio Lagunare, faceva il direttore di macchina di un mezzo navale dell'esercito; già, perché nel 1915, da Pieris giunse a San Giorgio, nella "palazzina", anche la moglie di Dante (terzogenito) con la figlia Nives. Vasco nacque a S. Giorgio e quando fuggimmo era piccolissimo.

Il treno, con circa una ventina di noi parenti, si mosse lento mentre un aeroplano austriaco gli volava sopra. Si diceva che in coda al treno vi fossero vagoni contenenti munizioni, ed era vero, perché l'indomani una bomba d'aereo provocò una tremenda deflagrazione, ma senza danno per noi. Quel treno procedeva tanto lentamente che noi ragazzini potevamo scendere e risalire a volontà.

Ciò serviva per procurare qualche scatoletta di carne od altro nei vagoni fermi su altro binario.

Alla lentezza del treno si univano le soste inspiegabili, mentre ai lati dei binari soldati d'ogni arma fradici di pioggia, a piedi non potendo salire, ci sorpassavano.

Noi zuppi fino alle midolla ci riscaldavamo sbattendo le braccia e pestando i piedi, magari ascoltando le imprecazioni dei vicini. Era una vera bolgia.

Impiegammo due giorni per giungere a Mestre, ma senza mia madre, che era scesa per andare alla ricerca del nonno, il quale aveva tentato di salutare un amico nei pressi di Latisana o Portogruaro che fosse.

Trovammo il nonno quasi piangente seduto su una panchina nell'affollata stazione, ma di mia madre nessuna traccia.

E così avvenne che nel voler attendere mia madre una parte di noi non ubbidì ai solleciti di risalire per proseguire il viaggio, se così può definirsi. E fummo divisi.

Io rimasi coi nonni, le mie sorelle, la zia Maria e Nives.

Alla fine, disperati, salimmo per forza su un vagone perché si vociferava che non ci sarebbero stati più treni.

Pensavamo che gli altri si sarebbero fermati a Bologna dove conoscevano una famiglia. Dame della Croce Rossa ci rifocillavano.

Il vagone nel quale salimmo era di quelli che recavano la scritta: - uomini - cavalli, ma eravamo una trentina e non mancavano i lagni delle donne e i pianti dei bambini. Dopo Mestre il treno procedeva a tratti spedito, ma le soste, anche lunghe, non mancavano. Pioveva ancora. Il terzo o quarto giorno dall'esodo giungemmo a Bologna dove intendevamo scendere. Non ce lo permisero.

I profughi - così ormai ci chiamavano - erano troppo numerosi e non c'era la possibilità di sistemarli.

Dopo una lunga odissea i tre fratelli Volpat profughi da via Lovar fotografati a Solarino, in Sicilia, presso Siracusa. Al centro l'autore di questo articolo, allora dodicenne.

A sinistra la sorella Lavinia di nove anni; a destra la sorella quattordicenne Everilda. Questa, nell'attraversamento dello Stretto di Messina cadde in mare dal traghetto folto di profughi in fuga proprio nel momento in cui le eliche si erano messe in movimento. Fu salvata per vero miracolo, mentre i due fratelli - nulla sapendo dell'accaduto - la cercavano in lungo e in largo nella nave. Le autorità messinesi si diedero subito da fare per rintracciare i suoi parenti. Ma la ragazzetta potrà ricongiungersi ai fratelli soltanto dopo due mesi, essendosi ammalata di tifo.

Case di via Lovar distrutte dal bombardamento aereo (1917)

Dovemmo proseguire con il cruccio per l'assenza di mia madre. Mia nonna non faceva che piangere e pregare. Mescolava il latino con il friulano. Ogni tanto le usciva qualche parola in veneto. Dov'era mia madre e cosa le era accaduto? Questi i tristi pensieri di tutti.

A Firenze giungemmo esausti. Nel vagone era impossibile resistere al lezzo che emanava. Benché il portello rimanesse aperto, i miasmi all'interno provocavano il voltastomaco. Tutto era divenuto animalesco. Uomini, donne, bambini, formavano una massa non riconoscibile; l'igiene e ogni riservatezza erano scomparsi.

Tentammo di scendere a Firenze, ma ci sospinsero all'interno. Bisognava proseguire perché i profughi erano in numero eccessivo. E altrettanto avvenne a Roma. Le signore della Croce Rossa tentavano di consolarci offrendoci generi di conforto, specie latte e cioccolata, ma il disagio, la stanchezza e il dolore opprimevano il fisico di tutti.

A noi ragazzi, forse con l'incoscienza dell'età, non tutto sembrava brutto. Ma gli adulti erano stremati. Ormai sembravano rassegnati ed in essi erano assenti le reazioni. I nonni pensavano soltanto alla figlia dispersa, o peggio.

A Napoli pareva dovessero farci scendere. Ci tennero per molte ore in attesa. Ad un certo momento trapelò la notizia che dovevamo proseguire per la Sicilia. Allora si udirono pianti e grida di disperazione.

Era corsa voce che qualche sera prima un ferry-boat era stato affondato da un sottomarino austriaco; ed era vero. Una donna veneta, disperata, s'era gettata sotto il treno.

Eravamo come inebetiti. Noi ragazzi alternavamo momenti di dolore a momenti di spensieratezza e incoscienza. Saltavamo dal treno che procedeva lento per afferrare i fichi d'India, frutti mai visti prima. I piccoli ciuffetti spinosi ci procurarono dolorosi fastidi durati molti giorni. La nostra avidità veniva così castigata.

Una sera, nel buio più assoluto, il treno si fermò a Villa San Giovanni, sullo Stretto. Erano trascorsi otto - nove giorni dalla partenza da S. Giorgio.

Non pioveva più ormai. Ci fecero scendere e ci accompagnarono, sempre al buio, verso il traghetto. L'imbarco durò parecchio. Alla fine, attraverso una specie di passerella salimmo a bordo, ma senza vederci l'un l'altro.

Il cielo era illune ed era giocoforza strisciare i piedi per non inciampare. Ad un tratto s' udì un grido e allo stesso tempo il girare delle eliche.

Venimmo a conoscenza che mia sorella Rilda era precipitata, non so come, ed aveva rischiato d'essere maciullata dal vorticoso moto delle eliche che avevano fatto muovere il traghetto.

Per puro miracolo la salvarono, ma noi sbarcammo a Messina nulla sapendo del suo stato e del luogo dov'era stata portata.

A Messina ci imbarcarono su di un treno con vagoni, finalmente, abbastanza comodi. Ora mancava mia madre e anche mia sorella.

Giungemmo a Siracusa, ma anche da lì dovemmo trasbordare su di un treno di una linea secondaria che ci portò a Solarino, distante sedici chilometri. Qui, in questo paesino un po' arretrato, ci sistemarono alla meno peggio.

La gente ci guardava come fossimo degli alieni, si direbbe oggi. Era curiosa e non capiva il nostro dialetto come noi stentavamo a capire il loro: "Meschineddi" dicevano le donne, che offrivano dell'ottimo pane. Chiedevano a loro modo se eravamo italiani e da dove venivamo.

Col passare dei giorni trovammo una diversa sistemazione e in breve facemmo delle amicizie.

Il Governo - se ben ricordo - passava ai profughi, oltre agli oggetti di vestiario ed altro, due lire e ottanta centesimi a persona, per il sostentamento.

Ricordo ancora la bontà di quel pane che ogni famiglia faceva in casa e del latte munto dalle capre davanti agli usci delle case.

Già, e mia madre e Rilda?

Per mia sorella l'autorità locale si interessò subito e sapemmo che era stata molto ammalata di tifo ed aveva perso i capelli. Venne accompagnata a Solarino dopo due mesi di ospedale.

Attraverso la Croce Rossa, dopo tre mesi di ricerche mia madre apprese dove eravamo. Ci raggiunse subito, immaginarsi con quale giubilo suo e nostro.

Era riuscita a rintracciare i Pascolutti a Firenze ed aveva vissuto con loro, cioè con Erminia Zaina e otto figli, che era nata Linda (Edith). Ma tante erano state le peripezie e il dolore che il suo fisico ne aveva risentito molto.

E venne la fine della guerra.

Verso la fine di novembre 1918 una carrozza (avvenimento inconsueto per Solarino) proveniente da Floridia si fermò nella piazza del paese.

Ne scese un signore che chiese agli astanti chi conoscesse e dove abitasse la famiglia Pascolutti.

Era mio padre che non vedevamo da cinque anni. Era venuto dalla Galizia.

Rudi Volpat

Casa Pascolutti in via Lovar - Villa Angiolina

Le sensazioni psico-fisiche provate con l'animo e lo spirito dell'età adolescenziale, non possono tutte permanere per quasi ottant' anni ed essere descritte compiutamente con il sentimento di quell' epoca.

Premesso questo, per giustificare anche la mancanza d'ordine di tempo nella narrazione di fatti e cose succedutesi, cioè quanto ho potuto trattenere nello scrigno dei ricordi, eccomi a raccontare la storia, da profughi in patria, della famiglia Pascolutti-Volpat, iniziando dall'arrivo a Solarino (16 Km. da Siracusa) dopo un arduo, estenuante viaggio aggravato da non poche peripezie e situazioni drammatiche.

Prima di ogni altra cosa: a Solarino il tempo quasi sempre era soleggiato; la temperatura tiepida, gradevole.

Ed era già qualcosa; eravamo fuggiti da San Giorgio di Nogaro il 28 ottobre 1917, domenica, nel caos tremendo della cosiddetta "rotta di Caporetto" sotto un cielo livido, freddo e piovoso, gravido di ostili presagi.

Tutto ci era incomprensibile; l'animo di ognuno di noi era triste, gravato da paura indefinita e con il gelo di non conoscere una nostra meta.

Se gli adulti con la povertà di indumenti indossati nell'ansia della fuga, quel gelo lo avevano sentito per molti giorni, che dire di noi ragazzini?

Solarino – Piazza Plebiscito e Chiesa madre

Solarino ci accolse con un sole auspice di benessere. Lo stesso nome del paese, del resto, evocava un luminoso, salutare calore. Nel complesso fummo ben accolti; seppur guardati dalla gente con un misto di curiosità ed una non giustificata leggera diffidenza.

Ho ben viva nella mente la prima sistemazione: in una viuzza con povere case dal tetto piatto e l'acciottolato in grave dissesto. Ci ingoiò un vano grigio, quasi buio, scuro, privo di impiantito. Dei materassi erano stesi uno a fianco all'altro. C'erano coperte, ma non lenzuola.

In quello stambugio dovevamo stare in sette: i nonni, la zia Maria con Nives e Vasco, mia sorella Lavinia ed io. Una vecchina (a me sembrava tale, ma forse non superava la quarantina) si prodigava alquanto per aiutarci; intendeva evidentemente mitigare il nostro disagio. Disse di chiamarsi Concetta. Mai sapemmo chi veramente fosse, anche perché l'indomani e in seguito, non si fece più vedere.

Noi quattro minori -Vasco era ancora un bambinello- più che portare aiuto eravamo d'impaccio nel sistemarci in quelle condizioni. I nonni, nati entrambi nel 1848, avevano 70 anni; io meno di dodici.

Accanto alla porta del nostro alloggiamento v'era quella che immetteva in una sorta di osteria, assai modesta a giudicare dall'interno; dove si intravedevano solo uno o due tavoli di grezza fattura con quattro sedie impagliate ai lati. Là c'era una donna che con gesti e sorriso ci invitava ad entrare.

Si chiamava Filomena. Con spontaneità e slancio ci portò un grosso pane la cui fragranza era impreziosita da una crosta dorata, lucida certamente d'olio d'oliva.

Subito dopo ci portò un largo boccale pieno di odoroso vino rosso e, poiché in quello antro ormai era quasi del tutto buio, la donna ci portò un lume dal vetro scurito dal fumo, mai deterso chissà da quanti anni. Il nonno, dopo aver mangiato qualche boccone di pane, bevve con non repressa avidità il vino, trovandolo di gusto eccellente e pastoso al palato. Di lì a poco però accusò giramento di testa: il vino era di elevata gradazione. Filomena fu gentile e disponibile per tutto il tempo che rimanemmo alloggiati in quel posto. La prima notte per noi ragazzi trascorse bene. Non così fu per gli adulti che ebbero alcune volte difficoltà nello scavalcare quella distesa di materassi per recarsi nel cortile.

L'indomani, per tempo, vennero gli addetti al Comitato profughi per controllare lo stato in cui eravamo sistemati, chiedendo delle nostre esigenze più urgenti, portando latte condensato, scatole di sardine e dei buoni valevoli come moneta per fare acquisti. Due o tre in tutto erano le botteghe di Solarino.

Ritornarono ancora per consegnarci denaro contante che rappresentava il povero sussidio statale. Credo che il nonno, lasciando San Giorgio, avesse portato con sé il denaro già posto in un nascondiglio noto solo alla nonna.

Come Dio volle passarono alcuni giorni. Anche al peggio ci si abitua in breve tempo. Io, com' è naturale, volli conoscere il luogo dove il destino ci aveva portato. Certo, tante migliaia di profughi come noi, fatta astrazione per l'ambiente e le situazioni individuali, sottostavano alle nostre stesse rinunce, soffrivano come noi per la nostalgia dei luoghi abbandonati, aspiravano ad un celere ritorno alle proprie case. C'è però un particolare da considerare: laggiù, in quel tempo, noi non ci sentivamo più in Italia; lo udivo dire d'altronde in famiglia oltre che da altri profughi.

La gente del posto, ben conscia - dopo un primo momento di incertezza - che eravamo italiani e parlavamo italiano, si riferiva a noi designandoci "continentali". Per loro il Friuli e il Veneto erano terre tanto lontane dalla Sicilia: su al nord, erano in "continente". Si trattava di considerazioni di gente umile, non colta, ma comunque era un atteggiamento quasi comune.

Piazza Plebiscito anni '90 (Connine di Solarino).

Io, sin dal primo momento, mi lanciai alla scoperta di cose nuove. Eravamo vicini alla piazza che, chiusa su tre lati, conteneva il municipio.

Era il maggior edificio del paese (sede anche di altri uffici) di proprietà della famiglia D'Agostini. A sinistra, guardando il palazzo comunale, v'era la chiesa - non ricordo né lo stile, né se fosse l'unica di Solarino - dedicata a San Paolo; e con questo nome - non Solarino - veniva chiamato il paese dalla popolazione.

Alcune case ad un piano fronteggiavano la chiesa. Una di queste era "l'albergo" di Solarino. Entrandovi anziché trovare il banco della ricezione, si rischiava di inciampare in un deschetto da ciabattino. Ad esso vi lavorava, di brocche e trincetto, il proprietario. Di solito in un angolo c'era legata una capra che doveva fornire il latte (quello di mucca non esisteva) per eventuali clienti. Una casa con un po' più di pretesa, apparteneva al professor Calafiore, che doveva diventare grande amico del nonno e quindi dell'intera famiglia Pascolutti.

Nel lato aperto della piazza iniziava la strada in leggera discesa che, diritta per oltre un chilometro, portava a Floridia, grosso paese distante poco più di tre chilometri.

A Floridia c'erano dei negozi ed anche uno studio fotografico. Ricordo il tendaggio che faceva da sfondo.

Dopo breve tempo io e Lavinia fummo ammessi a frequentare la locale scuola. Non avevamo documenti scolastici per cui fu decisa la classe da frequentare in base alla nostra età. Io entrai in quinta, Lavinia in terza e ci trovammo subito a nostro agio. Naturalmente cominciammo a fare delle amicizie, ma i differenti linguaggi non favorirono, all'inizio, grande intimità.

A Solarino di profughi non eravamo solo noi: qualche friulano e diversi veneti. In tutto 60-70 persone. Gli abitanti, contadini incolti, si ritrovavano a piccoli gruppi sulla piazza dove erano sistemate alcune panchine di pietra oppure nell'angusto locale-osteria all'angolo della piazza. In quell' ambiente, oltre al vino, vendevano pochi altri generi, come petrolio per illuminazione e olio d'oliva.

Un familiare del proprietario -Turiddu si chiamava, d'età non definibile- era zoppicante, gibboso e la testa rimaneva inclinata sulla spalla destra. La sua presenza incuteva in molti di noi ragazzi un certo timore perché era sempre scontroso, sospettoso, forse anche rancoroso.

Con il trascorrere del tempo la nostra sistemazione andò migliorando.

Il Comitato profughi e l'autorità locale avevano provveduto a risolvere tanti nostri problemi e la gente si rivelava quanto mai generosa e cordiale nei nostri riguardi. In breve aveva compreso, almeno in parte, la nostra situazione e senza troppo compatirci si prodigava per esserci di aiuto. Ormai ci si capiva. Ci sentivamo tutti italiani.

Io avevo ora degli amici: il più stretto era Michelino, il figlio del maresciallo dei carabinieri. Un giorno però, per ragioni del tutto futili, avemmo un alterco ed egli mi colpì al ventre con la lama di un temperino. A quasi 80 anni di distanza ne porto ancora la cicatrice.

Cominciai allora a comprendere il carattere dei siciliani di quella zona: generosi -in modo talvolta esagerato- istintivi, passionali, sospettosi, facilmente irascibili e non di rado vendicativi. Qualità buone e all'occorrenza meno buone.

Ero affezionato anche a Giacometto, un ragazzone di Sacile; sembrava di poco maggiore di me, ma un giorno dovette partire: era della classe 1900.

A mia madre e a Everilda, delle quali non avevamo notizie, pensavamo tutti. La nonna ogni giorno entrava in chiesa avvolta nel suo nero scialle e con in mano la corona del rosario.

Un giorno, bello, attraverso il Comune ci pervennero buone notizie di Rilda. Era stata ricoverata nell'ospedale di Reggio. Oltre alle conseguenze fisiche a seguito della caduta in mare al momento della partenza del ferry-boat, era stata poi ammalata di tifo e le erano caduti i capelli; i suoi biondi, lucenti, lunghi capelli! Arrivò a Solarino accompagnata da un carabiniere: era quasi irriconoscibile.

Il suo volto smagrito era segnato da ombre, i suoi occhi di solito luminosi e ridenti erano tristi. La gioia grande di tutti noi era tuttavia rattristata per l'assenza della mamma. I nonni piangevano spesso ed io e Lavinia sentivamo la mancanza in modo struggente.

La zia Maria che voleva bene alla cognata come ad una sorella, si sforzava a voler essere ottimista. Si sapeva che la Croce Rossa lavorava con grande impegno e serietà per i profughi. I Comuni e le Prefetture ne segnalarono l'elenco da ogni località italiana.

Un giorno, finalmente, -erano trascorsi due mesi- giunse la gioiosa notizia che mia madre era a Firenze, stava bene e ci avrebbe presto raggiunto. Quella fu una giornata di grande felicità per tutti. Dopo non molto tempo giunse a Solarino. Com'è logico raccontò il suo calvario dopo che, per cercare il nonno nel turbine della "rotta", si era smarrita ed il dolore di quel periodo le rimase per sempre nel cuore. Il giorno del suo arrivo, con tutti i profughi e le Autorità del paese, in piazza vi fu festa. Con la mamma la nostra vita mutò sensibilmente. Il suo aspetto fisico e il suo modo di fare incontrava tanta simpatia; e così finalmente riuscimmo ad ottenere una migliore sistemazione.

Un piano di una casa a fianco del palazzo D'Agostini, venne assegnato a noi che, d'altronde, eravamo adesso in nove. Era una casa di aspetto civile anche se priva di certe comodità. Per i tempi in cui si viveva potevamo ritenerci fortunati. (Ora al posto di quella casa c'è una moderna costruzione dov'è alloggiata una succursale del Banco di Sicilia).

Di lato alla porta d'entrata (mi riferisco alla nostra dimora) c'era una grande vasca quadrangolare di pietra, come in tante altre case del resto e non era una fioriera. Serviva invece per raccogliere l'acqua piovana, ma non ricordo che durante il nostro soggiorno a Solarino sia piovuto granché, se mai è piovuto.

Al mattino la sveglia, di buonora, veniva data dal tintinnio della campanella del capo gregge di capre. L' uomo si fermava davanti agli usci e sceglieva la capra da mungere.

Usava un primordiale misurino con grande maestria e sveltezza. Il latte così munto, caldo, spumoso era quanto mai gradevole. Il lattaio-capraio, di casa in casa, riforniva molte famiglie. Sono ricordi piacevoli, questi.

La nostra vita s'era normalizzata. Everilda era a Siracusa: frequentava la scuola media superiore (Solarino aveva soltanto le elementari) ed era stata affidata ad una famiglia amica dei D'Agostini. Un membro dei D'Agostini di Solarino era sottoprefetto di Siracusa. Lavinia ed io al mattino eravamo a scuola. Con Lavinia per il suo carattere buono, remissivo, andavo molto d'accordo. La mamma soprattutto e la zia Maria s'ingegnavano -con qualche lavoro di sartoria- ad arrotondare il modesto sussidio statale.

La nonna badava come meglio poteva ai due bambini: Vasco ciangottando trotterellava lungo la piazza rincorrendo qualcuno o qualcosa; Nives più quieta, si divertiva con la bambola. A Solarino non esistevano asili infantili.

Di pomeriggio io e gli amici gironzolavamo per la campagna, causando anche qualche lieve danno ai campi di fave e ceci che, freschi, sono quanto mai appetibili. Talvolta entravamo nei così detti "giardini", gli aranceti e limoneti. I fichi d'India erano abbondanti e a disposizione di tutti lungo i confini dei campi segnati da muretti a pietre sciolte e da queste piante arborescenti.

Il nonno, che per aver fatto un po' di scuola più degli altri profughi, era in breve assurto, anche per il suo aspetto imponente, a capo e maestro dei profughi, leggeva in piazza verso sera, dal giornale, (forse neppure del giorno) le notizie: di guerra naturalmente. E poiché era di temperamento burlone si dilettava durante la lettura ad interporre di tanto in tanto, ed in modo opportuno e credibile, il proprio nome, ed i presenti apparivano convinti che così fosse riportato dal giornale. Ciò lo aveva elevato di molto nella considerazione e tutti lo rispettavano come persona di grande riguardo. Il nonno era divenuto molto amico del professor Calafiore, insegnante in pensione proprietario di terreni dove crescevano mandorli e olivi dei quali era ricca la zona.

Un amico di famiglia era anche il maestro Caputo, che abitava ad un lato estremo del palazzo D'Agostini.

Per quanto mi riguarda, ormai sicilianizzato anche nel linguaggio, forse per la mia già alta statura, ero -a torto- considerato capo di un piccolo gruppo di ragazzetti della mia età ed era per questo (oltre che per essere straniero, evidentemente) che qualche lagnanza di proprietari terrieri veniva fatta a mio nonno. In verità qualche lieve danno lo provocavamo, ma non ero sempre io, solo io, a capeggiare coloro che rubacchiavano ceci, fave, agrumi. Io ero ghiotto, è vero, di frutta e le occasioni per procurarmela non mancavano. Ricordo che un giorno il professor Calafiore mi portò con sé nella vicina campagna, "nel suo giardino". In una specie di cestello depose una ventina di fichi d'India particolari, chiamati "ficozze'". Sono frutti dai bei colori rosa-viola, panciuti, turgidi, con la corona che li rende superbi. Sono in effetti frutti dal gusto prelibato, specie se mangiati al mattino resi freschi dalla rugiada notturna. Il buon professore mi raccomandò di portarli al nonno come suo omaggio.

Io cominciai a mangiarne uno, poi un altro e un altro ancora. Finì che al nonno non portai un bel niente, né niente dissi. Però ebbi a pentirmene quando dovetti confessare a mia madre che ero costipato da più di dieci giorni e mi sentivo male. Dovetti essere portato in ospedale a Siracusa. Di marachelle ne ho fatte tante.

Un pomeriggio, senza nulla dire a casa, presi il treno, per noi profughi e raggiunsi Siracusa. Volevo vedere mia sorella Rilda, conoscere chi la ospitava, parlarle, sapere come andò in quella cupa notte sullo stretto di Messina quando cadde in acqua. Perché non ce la mandavano a Solarino? Era malata?

Ma anche volevo visitare la città. Siracusa. Là giunto all'ospedale dissi - mentendo- che a casa sapevano del mio viaggio. A quel tempo il telefono era in possesso di pochi. Mi tennero a dormire; io di certo non pensavo all'ansia di mia madre per la mia assenza. Avevo sentito parlare dell'orecchio di Dionisio. "Chi sarà mai questo Dionisio, pensavo, e quali grandi orecchi potrà avere!".

L'orecchio di Dionisio

23

Alla fine seppi qualcosa in proposito. Il famoso "orecchio di Dionisio" è una grotta larga una decina di metri alla base e va su per più di venti, come il campanile di S. Giorgio, però restringendosi sino a terminare quasi a punta. Lassù c'è un'apertura che consente di affacciarsi. Da quell' altezza rimasi imbambolato a vedere il buon carabiniere che m'aveva accompagnato far cadere un sassetto, stracciare una carta, starnutire, chiamarmi.

Che magia era? Il rumore del sassolino lo sentivo come un colpo di schioppo, lo starnuto era simile a uno scroscio d'acqua, il mio nome sembrava il grido d'un orco ...

Mi fecero anche vedere la fonte Aretusa sull'isola d'Ortigia. Mi spiegarono che questa aveva preso il nome mitologico di una ninfa. Ero tanto desideroso di acquisire nuove conoscenze. Finì che il carabiniere mio Cicerone mi riportò a Solarino.

Si può immaginare l'accoglienza che ricevetti dai nonni e da mia madre da due giorni angosciati per la mia sparizione.

Noi giocavamo, come fanno tutti i ragazzi. Ci sedevamo sui gradini della chiesa e ci battevamo a zecchinetta.

Una volta, sul greto della fiumara quasi sempre asciutta, un ragazzo scagliò un sasso che mi colpì all'occhio sinistro. Non fu cosa di poco conto; dovettero portarmi a Siracusa ed in seguito ebbi delle conseguenze.

A Solarino, come in altre località della Sicilia, v'erano dei prigionieri di guerra austriaci. Venivano affidati per i lavori nei campi a determinati padroni terrieri che ne facevano richiesta.

I prigionieri dovevano ritirarsi ad una certa ora della sera, dopo le ore di lavoro, passando per la stazione dei carabinieri. Dopo, erano liberi d'andare dove e con chi volevano. Se oltre vent'anni dopo questi fatti, avessero usato con me lo stesso trattamento in India, dov'ero -con tanti altri ufficiali- chiuso in un ristretto campo circondato dal reticolato, la prigionia mi sarebbe sembrata una dolce vacanza.

Tutti erano certi che quei prigionieri desideravano soltanto che la guerra finisse per ritornare alle loro case.

Comunque stavano bene e penso che mai nessuno abbia pensato alla fuga: d'altronde non difficile, oltre che inutile. Andavo talvolta alla masseria dove "travagliavano" gli austriaci.

Io conoscevo una cinquantina di parole in tedesco apprese in seconda elementare a Fiume; loro ne avevano apprese altrettante italiane. Potevamo così comunicare.

Se non c'era il "massaro" mi offrivano della ricotta che mi piaceva tanto; la mettevano in una specie di gabbietta fatta di stecche di canna.

La vita scorreva in paese con la quiete di sempre. Per la gente -a parte le famiglie che avevano qualche congiunto al fronte- la guerra, tremenda, micidiale e devastante, ora combattuta sul suolo della nostra Patria, era tanto lontana e a Solarino giungevano soltanto gli echi di quella lotta immane che doveva sconvolgere non solo l'Europa.

Ogni tanto si vedeva qualche soldato reduce dal fronte.

Racconti raccapriccianti. Nel passato si erano sentiti pianti strazianti di donna.

Erano grida scomposte che a noi ragazzi incutevano più paura che generare compassione: era giunta la segnalazione di morte di un congiunto.

A quel tempo -lo so oggi- in piccole località all'interno della Sicilia il senso comune che animava la vita della gente semplice era quello di un retaggio risalente alla civiltà ellenica.

La regola stabiliva che ognuno dovesse fare i fatti propri; l'onore, inteso come dignità sul piano sociale più che personale, era cosa sacra; l'amicizia, un sentimento che lega per tutta l'esistenza. Amore e odio, quindi, si equivalevano; il nemico o l'amico traditore, doveva venire escluso, allontanato, eufemisticamente parlando.

Talvolta, di pomeriggio, mi recavo nell'unico locale del paese dove c'era un biliardo ed ammirato stavo estatico per lungo tempo a guardare i giocatori.

Ormai comprendevo bene il loro linguaggio e sapevo che quando annuivano, alzando il capo, significava invece diniego, negazione.

Amici nel senso comune che si dà a questa parola ne avevo tre o quattro: Michelino, dalla faccia scura e i capelli ricci, quello che amava tenere in tasca un temperino; Giacometto, il soldato bambino e Gigi, profugo veneto.

Cosa decidevamo di fare quando riuscivamo a riunirci?

Di solito e non solo con quelli menzionati, uscivamo dal paese; ci sfidavamo nella corsa, nel sollevare pesi di pietra, talvolta con un principio di malizia ci esibivamo nudi.

Eravamo ancora implumi e certe nebbie a nessuno di noi passavano per la testa. D'altronde, dalla nostra conventicola, l'elemento femminile, che avrebbe potuto risvegliare qualche impulso, era del tutto assente. Non era neppure concepibile la comunanza fra ragazzi e ragazze. Sì, eravamo inclini a compiere anche qualche birbonata, facevamo dei dispetti a qualcuno e soprattutto commettevamo dei piccoli furti di frutta nei giardini.

Talvolta verso sera mi piaceva stare ad ascoltare il nonno che, anche a causa della gotta, mai lasciava il suo bastone. Egli leggeva le notizie provenienti dal fronte. I nomi ricorrenti erano "Piave e Monte Grappa ". Certe notizie, a noi tanto lontani dal fronte, pervenivano con grande ritardo, forse anche a causa di difficoltà postali. Per esempio: un giorno il nonno lesse della morte di Cecco Beppe e della successione al trono d'Austria - Ungheria dell'arciduca Carlo. Fatto avvenuto nel 1916 e noi eravamo agli inizi del 1918.

Un paio di volte noi tre fratelli fummo invitati a feste di matrimonio. Gran clangore di urli e suoni di fisarmonica. Umile gente che si stringeva in comune allegria abbandonandosi in danze di inusitato folclore. Anziché confetti, come da noi, venivano offerti ceci abbrustoliti (calia venivano chiamati) e latte di mandorle. Certo, oggi, le cose sono cambiate; e di molto. A me, però, più di ogni cosa piaceva il pane; ne ero ghiotto. Ogni famiglia aveva il forno e lo cuoceva in quantità da bastare per una o due settimane. Più i giorni passavano più il pane acquistava gusto e sostanza.

Riuscimmo a prendere contatto con lo zio Dante, marito della zia Maria (Gregorin). Era nella zona lagunare veneta dove operava come macchinista del genio lagunare e durante l'estate del '18, avendo ottenuto una licenza, poté raggiungerci.

Con la moglie prese alloggio all'albergo del ciabattino. Dallo zio apprendemmo che il fratello maggiore Berto, (1875) era a Venezia.

Il suo trabaccolo "Nuova Provvidenza", era stato requisito. Ci ragguagliò anche sulla visita fatta a Firenze per salutare la cognata Erminia e la figliolanza (Angiolina, Renata, Olimpia, Antonio - unico maschio, Irma, Giovanna, Gemma, Bice ed Edith, l'ultima nata proprio a Firenze).

Durante le vacanze estive del 1918 la nostra combriccola ebbe il suo daffare. Ne combinava ogni giorno una e la giusta sequela di rimostranze tendeva ad infittirsi. Le mancanze riguardavano i soliti furterelli di frutta.

Venimmo convocati dal maresciallo dei carabinieri che già aveva dovuto lamentarsi con il nonno.

Il fatto che nella vicenda fosse implicato anche il figlio non lo rendeva più comprensivo e tollerante. Considerato che all'aspetto io dimostrassi d'avere più di dodici anni, per alcuni giorni venni assunto come portatore di sassi, da raccogliere nei campi.

Servivano a pavimentare una strada e il lavoro veniva svolto sotto un sole cocente che faceva girare la testa. In ciò ero alla seconda mia esperienza perché a San Giorgio -assieme ad altri ragazzi- avevo lavorato al parco genio militare situato sull'ampio terreno retrostante l'albergo "Alla Stazione" dei Costantini. Ricordo la paga: lire 2,50 per 5-6 ore di lavoro

Ritorniamo a Solarino: Rilda e Lavinia avevano ciascuna le proprie amiche e non so dove si ritrovassero. Ci vedevamo all'ora dei pasti che per me costituiva il momento delle rampogne del nonno e di mia madre. Talvolta tutti e tre noi ascoltavamo la zia Maria che ci leggeva i racconti mensili del "Cuore". Io, immedesimandomi nei protagonisti, mi sentivo un grande patriota. Per mio conto iniziai a leggere Nick Carter, Nat Pinkerton e Salgari. Si, mi piaceva apprendere e capivo che la lettura era il mezzo migliore da seguire.

Poi venne Verne, Dumas e altri. La mia esuberanza però persisteva e richiedeva uno sfogo. Non ero solo; ci appostavamo dietro l'angolo dov'era la mescita, in piazza, per sbeffeggiare il gobbo o gettare qualcosa nelle giare dell'acqua sistemate sul carrettino tirato da un somarello rassegnato alla bisogna giornaliera. Come Dio volle ai primi di novembre la guerra ebbe termine e noi cominciammo a pensare al ritorno a casa.

In quella stagione a Solarino l'aria era ancora tiepida ed il tempo asciutto. Le vasche a fianco delle porte delle case erano sempre vuote d'acqua, ma non di sassi, cartacce e simili.

Ed ecco un giorno, dal rettilineo proveniente da Floridia, giunse, fermandosi al limitare della piazza, una carrozza dalla quale scese un signore. Lo credereste? Era mio padre, che non vedevo da oltre quattro anni e che poco ricordavo. Lui stesso stentò a riconoscermi - essendo io alquanto cresciuto- nel gruppo di ragazzi che saltellanti, giulivi attorniavano la carrozza. Dopo lo sbalordimento per l'assolutamente imprevisto arrivo, venne il racconto: iniziò dicendo che dalla

Galizia, dov'era stato inviato con molti altri Triestini. Istriani e Dalmati venne trasferito in una località dove riuscì ad imboscarsi. Ciò perché aveva subito l'asportazione di un rene. Molti suoi commilitoni, già dopo la rivoluzione russa del 1917 avevano potuto raggiungere Vladivostok, in Siberia.

A me, in seguito, raccontò dell'ineffabile reggimento 97 già nella caserma di Trieste (dove oggi c'è il mausoleo a Guglielmo Oberdan). Anche al fronte (i Giuliani, Istriani e Dalmati venivano inviati tutti artatamente su quello russo) i soldati cantavano:

Qua se magna, qua se bevi, qua se lava la gamela;
zigaremo demogliela fin che l'ultimo sarà.
Qua si mangia, qua si beve, qua si lava la gavetta;
grideremo diamogliela fino a che l'ultimo vivrà.

A proposito della Galizia appresi anche questa significativa strofetta:

E su per la Galizia e zo per i Carpazi
vestidi de paiazi ne tocherà marciar.
E su per la Galizia e giù per i Carpazi
vestiti di pagliacci ci toccherà marciare.

Allorquando mio padre pareva bearsi nel raccontare alcune sue prodezze, la nonna se ne usciva dicendo:

"Ma c'al sedi dut ver ze c'al dìs chist omp?
No sai so pùes crodi.
Mi par c' al ueri dome mateà".
"Ma che sia tutto vero ciò che dice quest'uomo?
Non so se posso credere.
Mi sembra che voglia solo scherzare".

Si trattava di scherzi, anche un po' pericolosi, che venivano fatti ai graduati austriaci dai soldati Triestini, Istriani o Dalmati mandati dalla "defunta" tanto lontano perché tutti infidi.
Venne la fine dell'anno. I prigionieri austriaci erano ormai liberi. Noi invece dovevamo attendere ancora per ritornare alle nostre case.
Mio padre, in casa (a Trieste e altrove dove abitammo) era alquanto severo e noi figli lo temevamo.
Fuori casa con gli amici, era un vero buontempone e riusciva simpatico a tutti.
Anche noi figli, nei momenti buoni, che non mancavano di tanto in tanto, con lui ci si divertiva.
A Solarino, durante il suo breve soggiorno, amava giocare a chi rispondeva per primo ad un quesito di aritmetica, a chi correva più veloce (lui da militare di leva

era stato campione di velocità nella corsa), a chi saltava più in alto e così via.
Partì prima di noi perché doveva cercare un'abitazione a Trieste. Soldi ne aveva
a sufficienza benché avesse tardato a cambiare le corone in lire. Al 40% anziché
al 60%.
E alla fine anche per la famiglia Pascolutti giunse il tanto agognato ritorno a casa.
La nonna, poverina, non stava bene; soffriva non ricordo di che malattia per cui
era stata anche ricoverata all'ospedale a Siracusa.
In tutti noi, nel lasciare quel luogo ospitale e quella gente semplice e generosa,
v'era un misto di gioia e di rammarico.
Il treno per Siracusa ci attendeva e le campane della chiesa suonavano a festa,
come augurio di bene a chi tornava alla propria casa.

Il monumento ai caduti di Solarino (Comune di Solarino)

In famiglia - scherzando, io penso - si diceva che lo scampanio era dovuto alla
gioia dei paesani per la mia partenza, perché durante i 15 mesi di permanenza a
Solarino-San Paolo, avevo portato scompiglio nella secolare, monotona quiete di
tante famiglie e provocato, forse, anche qualche danno.
Del viaggio di ritorno, gratis, come quello d'andata, chiaro, vero? ricordo, che
appena scesi dal treno a San Giorgio, mia nonna - benedetta sia la sua memoria -
mi disse: *"Va frut, cor indenant, va a iodi se le ciase e ié anciemò su, io o tremi*

dute ". Va ragazzo, corri avanti, va a vedere se la casa è ancora su, io tremo tutta.
Sì, la casa, come potei constatare correndo con ansia, subito dopo la leggera curva di via Lovar, c'era ancora, "era su", ma vuota del tutto e malandata.
Aveva servito da mensa per sottufficiali austriaci e poi venne occupata, forse arbitrariamente, da gente della zona del Piave, i così detti "piavoti", profughi pur essi.
La famiglia Pascolutti, comunque, era ritornata nella casa di via Lovar e qui rimasero i nonni fino alla loro morte, mentre la mia famiglia come quella dello zio Dante, riprendeva la vita di un tempo in una Trieste ora italiana anche giuridicamente.

Rudi Volpat

Solarino, da me visitato alcuni anni fa, è divenuto un grazioso, vasto paese moderno. La piazza è abbellita e al suo centro s'erge un bel monumento ai Caduti circondato da opulenti palmizi.
Dei profughi ormai nessuno -o quasi nessuno- ricorda più niente. È stata una parentesi di quasi 80 anni fa e le campane suonano ora per ricorrenze diverse da quelle del gennaio o febbraio 1919.
Addio Solarino! Rimani nel mio cuore tra i ricordi, anche molto belli, della mia fanciullezza.

A SOLARINO

Nel gennaio scorso, mi fu segnalato da un amico che, nell'Annuario 1994 (pubblicato nel dicembre 1995) della benemerita Associazione culturale Ad Undecimum di San Giorgio di Nogaro, era apparso uno scritto con il quale Rudi Volpat rievocava la sua permanenza a Solarino negli anni 1917-1918, giovane profugo fra tanti altri profughi.

Mi misi in contatto telefonico con la redazione dell'Annuario ed ebbi la gradita sorpresa di trovare, in quella sede, il mio conterraneo Prof. Salvatore Carfì da Vizzini; dopo poco tempo, mi pervennero la pubblicazione annuale ed alcuni estratti del lavoro "Lieto ritorno dalla Sicilia a via Lovar".

Ci fu poi -e non poteva essere diversamente- un'affettuosa corrispondenza epistolare con il comm. Rodolfo Volpat, che risiede a Bassano del Grappa, e la mia richiesta, avanzata allo stesso autore ed al Presidenle dell'Associazione Ad Undecimum Dott. Alberto Vicenzin, di poter pubblicare le puntuali, preziose e deliziose memorie su una rivista locale.

Esse sono state ospitate, con la dovuta dignità, nel numero scorso di Prospettive - Siracusa (mensile economico e culturale della Camera di Commercio, Industria, Artigianale, Agricoltura), corredale da una mia introduzione e da note esplicative. Mi è gradito, in questa sede, approfondire soprattutto l'argomento di microstoria solarinese.

1917, 1a guerra mondiale.

Alle due del mattino del 24 ottobre, le artiglierie nemiche cominciarono a bombardare con estrema violenza le posizioni italiane; fu l'inizio della temuta offensiva d'autunno che ebbe, per obiettivo, lo sfondamento in direzione di Gemona e Cividale e il possesso della strada di fondovalle Plezzo - Caporetto - Tolmino.

L'attacco ottenne un successo superiore alle stesse aspettative dei generali che l'avevano progettato; il fuoco delle artiglierie nemiche investì le posizioni più arretrale del nostro schieramento difensivo, le postazioni delle artiglierie e zone di retrovia, principalmente sulla fronte dei Corpi d'Armata IV e XXVII.

A quest' ultimo, due giorni prima, era stata assegnala la Brigata Napoli (divenuta, poi, Divisione il 15 aprile 1939) la quale aveva alle sue dipendenze anche il 75° Reggimento Fanteria che ebbe sede a Siracusa dal 1910 al 1943; la Divisione Napoli e, particolarmente, il 75° Reggimento Fanteria avrebbero eroicamente combattuto -ed avrebbero avuto tanti morti - in territorio di Solarino tra il 10 ed il 13 luglio 1943, durante l'occupazione anglo-americana della Sicilia; non è a caso, come vedremo in appresso, che faccio questa menzione.

La popolazione dei paesi vicini al fronte, assistendo al via vai convulso di truppe italiane, cominciò a presagire qualcosa di poco rassicurante e venne a sapere, poco dopo, che si avvicinava il nemico del quale si sparse la voce che, oltre a distruggere, ammazzava i bambini e violentava le donne.

In preda al terrore, la gente cominciò a fuggire e fu così che centinaia di migliaia, soprattutto di anziani, donne e bambini, prima convogliati in centri di raccolta e, poi, fatti salire su carri ferroviari, divennero "profughi" in diverse parti d'Italia; essi appartenevano, nella maggioranza, alle Province di Udine, Belluno, Treviso, Venezia e Vicenza.

Un primo gruppo (composto di circa quattrocento persone) giunse a Siracusa il 4 novembre; nei giorni successivi, ne arrivarono, a scaglioni, altri quattromila che furono trasferiti in alcuni Comuni della Provincia di allora: Avola, Buccheri, Floridia, Lentini, Melilli, Modica, Noto, Rosolini, Solarino, Sortino, Spaccaforno (l'attuale Ispica).

Circa duecento arrivarono a Solarino con il trenino della ferrovia Siracusa - Vizzini il cui primo tratto - appunto quello dal capoluogo aretuseo al nostro paese - era stato inaugurato il 19 luglio del 1915. L'Amministrazione Comunale, che era stata allertata dalla Croce Rossa, dalla Prefettura e dal Distretto Militare, diede immediato alloggio in case disponibili, alcune delle quali, fra il terzo quadrimestre del 1915 ed il mese di giugno del 1916, avevano ospitato famiglie e piccoli nuclei di libici deportati per essersi ribellati alle nostre truppe coloniali.

Solarino, nel 1917, contava poco più di 4.000 abitanti, con una economia prevalentemente agricola; il centro abitato era esteso all'incirca la metà di quanto lo sia oggi ed i quartieri presentavano molti spazi vuoti fra una casa e l'altra (i cosiddetti Incali); peraltro, esisteva ancora buona parte delle schiere di case che erano state fatte costruire, intorno al 1760, dal feudatario Giuseppe Antonio Requisenz Principe di Pantelleria, per dare alloggio ai primi coloni che erano venuti a popolare la Terra di San Paolo Solarino.

L'illuminazione elettrica non esisteva ancora (sarebbe stata inaugurata l'8 dicembre del 1922) ed una trentina di lampioni a petrolio, per tutto l'abitato, servivano più a dare un orientamento notturno che ad illuminare; per risparmiare, non venivano accesi nelle notti del plenilunio.

Le case erano quasi tutte terrane, basse, con una porticina e (non sempre) una finestra, ad uno-due vani con volte di canne o di tavole, ed avevano -retrostanti- una tettoia ('a 'mpinnata) dove erano allocati la cucina ed il forno, il riparo per l'asino o il mulo e, poi (ma non sempre), un orto più o meno grande con la concimaia.

Non tutte le abitazioni erano fornite di cisterna -la rete idrica era ancora un sogno- per cui molte famiglie dovevano ricorrere ai pozzi esistenti nelle campagne vicine. Per lavare i panni, le donne si dovevano recare, percorrendo a piedi circa tre chilometri, al fiume Anapo e, lungo lo stesso corso d'acqua, erano ubicati i tre o quattro mulini dove i solarinesi andavano a macinare il grano e l'orzo per le loro povere mense.

Neppure l'ombra vi era di una rete fognante, e tutta quella triste realtà non era esclusiva di Solarino nel profondo, misero Sud di quell'epoca!

La stazione di Solarino, immodificata dalla sua inaugurazione (1915) allo smantellamento della ferrovia secondaria "Siracusa-Ragusa-Vizzini" (1956) (Collezione Sudano).

La situazione scolastica, tutto sommato, non era delle peggiori; il tasso di analfabetismo era elevato perché i ragazzi e le ragazze erano costretti a lavorare nei campi o, quanto meno, ad abitare con le famiglie nelle masserie o nelle misere case rurali lontane dall'abitato; le scuole erano appigionate in case private, sparse e poco accoglienti, ma funzionavano già le sei classi elementari, ed un asilo infantile di recente istituzione (1915); solo da qualche anno era stata abolita la scuola festiva per analfabeti che aveva dato la possibilità ai lavoratori dei campi, magari sottraendo qualche ora al loro sacrosanto riposo settimanale, di apprendere i rudimenti del leggere, dello scrivere e del fare i conti.

Fino a qualche anno addietro, erano vive nel ricordo degli anziani, le esortazioni delle madri, rivolte ai figli, di frequentare le scuole elementari almeno per imparare a leggere le lettere dei congiunti richiamati alle armi ed a scrivere quelle a loro dirette, spesso in zona di guerra; la riservatezza e l'intimità familiare, purtroppo, non erano tutelate, il più delle volte, dalla "cortesia" di un estraneo anche se ricompensato con un uovo di giornata.

È molto probabile che esista una certa documentazione presso l'Archivio di Stato di Siracusa ma, almeno per questa prima fase della ricerca, mi è stata utile la consultazione degli archivi storici del Comune e delle Scuole Elementari dove si trova un discreto segno della -seppur breve- permanenza a Solarino di quei fratelli "continentali".

L'edificio preesistente all'attuale palazzo municipale. Nella casa ad angolo, a destra guardando, abitava una giovane profuga - di nome Anna - con la sua famiglia (Collezione Sudano).

Dalle carte si evince che alcuni di loro, "per ordine delle Superiori Autorità", furono precettati dal Sindaco del Comune di Altivole, in Provincia di Treviso (dove erano stati convogliati dai paesi di origine) per partire con le loro famiglie, verso località sconosciute, dalla stazione di Fanzolo, in Provincia di Treviso, e che il Municipio di Cornuda (anch'esso in Provincia di Treviso), da dove proveniva gran parte dei profughi qui venuti, ebbe temporanea sede a Galliera Veneta, in Provincia di Padova.

Nel corso della loro permanenza a Solarino, alcune famiglie si trasferirono nel capoluogo o in altri Comuni della Provincia, forse per trovare un alloggio migliore o per stare vicine a parenti o amici dai quali si erano dovuti distaccare; nel racconto dei più anziani del paese, che ricordano ancora il nome di qualche giovane (Anna, Gino...), molti lavorarono nei campi, specialmente nei periodi della raccolta delle mandorle, delle carrube e delle olive le cui coltivazioni, un tempo, erano molto rappresentate nel nostro territorio; va detto, per inciso, che nello stesso periodo fu presente a Solarino anche un piccolo contingente di prigionieri austriaci che lavorò nelle grandi masserie vicine all'abitato.

Per unanime ammissione, l'ospitalità in paese fu autenticamente fraterna: dalle carte rinvenute presso l'archivio comunale traspare la premura degli amministratori nel risolvere ogni problema di sussidio e si racconta, ancora, di qualche solarinese che, negli anni venti, andò a trovare, "in continente", la famiglia con la quale aveva stabilito un legame di vera amicizia.

Agli esami della seconda sessione dell'anno scolastico 1917-1918, tenutasi tra il 12 ed il 15 novembre 1918, il maestro di 5.a elementare di Solarino assegnò il seguente tema di componimento: "Scrivete ad un vostro cugino il quale trovasi da circa tre anni in guerra, esprimendogli la contentezza che avete provato nell'apprendere che il nemico è stato ricacciato al di là dei confini della Patria".

Poi, scaglionato nell'arco di quasi un anno, il lieto ritorno in via Lovar ed in tanti altri cari luoghi...

Alcuni, purtroppo, non fecero quel viaggio da Solarino; dai registri dello Stato

33

Civile e della Chiesa Madre si evince che, tra il 2 ottobre 1918 e l'8 settembre 1919, ne morirono sette: cinque bambini (fra cui tre fratellini) e due donne anziane; è cosa frequente vedere dei fiori sulla tomba di una di esse che viene tramandata alla memoria come 'a profuga.

A distanza di quasi un quarto di secolo (esattamente tra l' 11 ed il 13 luglio 1943), sarebbero caduti in combattimento, nel territorio di Solarino, il Soldato Lain Pacifico da Malo (Vicenza) ed il Sergente Maggiore carrista Bitussi Luigi da Ravascletto (Udine); essi appartenevano a quella Divisione Napoli che, nell'ottobre del 1917, si trovava su un altro fronte, quello - "continentale" - di Caporetto; i loro resti - pietosamente raccolti assieme a quelli di tanti loro compagni d'armi - avrebbero riposato, prima di essere trasferiti ai paesi di origine, nello stesso Cimitero di Solarino.

Faccio seguire un elenco di profughi che certamente dimorarono a Solarino ed i cui dati sono stati ricostruiti sulla base di tutte le carte ritrovate (alle volte, semplici appunti su pezzettini di carta ingiallita dal tempo), la maggior parte delle quali scritte a penna, in grafia non molto chiara e, quindi, incerta.

Una via di Solarino, negli anni Venti. Si noti la tipologia delle case contadine: a schiera, in un tessuto urbano sette - ottocentesco a pianta ortogonale, poverissime (Collezione Sudano).

Mi sono reso conto che gli scrivani del tempo (prosindaco, impiegati comunali, maestri elementari), nella totale assenza di esibizione di documenti personali di riconoscimento, scrivevano i nomi -a loro poco consueti- in modo difforme, sulla base delle dichiarazioni rese con una pronunzia totalmente diversa da quella solarinese.

Se a ciò si aggiunge il pressappochismo anagrafico, di facile riscontro nelle carte di quel tempo, si comprendono le difficoltà ed il disagio che ho avuto nella trascrizione definitiva.

Sono certo di avere commesso, senza volerlo, degli errori e sono grato, sin da adesso, a coloro i quali li segnaleranno, avendo riconosciuto dei congiunti, degli amici e, come è di mio cordiale augurio, sé stessi.

Nel mettere a disposizione il materiale che possiedo in fotocopia, sarò lieto di corrispondere con chi avrà particolare interesse all'argomento della microstoria locale solarinese.

ANDREAZZA Giustina di Riccardo (contadino) e di Nicoletti Anna, nata a Crocetta (Treviso) il 15 agosto 1908, abitante a Solarino in via Rattazzi: frequentò la terza elementare dal 2 gennaio 1919 e per tutto il restante anno scolastico.

BARATTINI Attilio di Egidio e di Pascolutti Maria, nato a San Giorgio di Nogaro(Udine) il 20 novembre 1904; frequentò la quarta elementare dal 4 gennaio 1918 e si trasferì con la famiglia a Brescia il 19 maggio 1918.

BARATTINI Olimpia fu Egidio (contadino) e di Pascolutti Maria, nato a San Giorgio di Nogaro (Udine) il 7 dicembre 1919; proveniente dalla scuola pubblica di Latisana (Udine), frequentò la seconda elementare dal 19 dicembre 1919 ed abbandonò durante il quarto bimestre perché trasferitasi con la famiglia altrove.

BELTRAME Arduina, da Resiutta (Udine), moglie del militare Saria Virgilio (classe1875); con 1 figlio.

BELTRAME Irene fu Valemmo, da Resiutta (Udine).

BERGAMO Antonia di Luigi, da Fossalta di Portogruaro (Venezia), moglie del militare Puppo Renato (classe 1885); con 2 figli.

BIGUIN Giuseppina, da Cornuda (Treviso), moglie del militare Merotto Leonardo (classe 1877); con 4 figli.

BLASUTTA Maria, da Ragogna (frazione Muris) in provincia di Udine, moglie del militare Collavino Giovanni (classe 1881); con 5 figli.

BORDIN Gioachino fu Zaccaria, da Cornuda (Treviso), proveniente da Altivole (Treviso), padre del militare Mondin Primo (classe 1897); con famiglia composta di 4 persone.

BORDIN Rosa, da Cornuda (Treviso), proveniente da Altivole (Treviso), moglie del militare Spinetta Giacinto (classe 1878); con 1 figlio.

BRESOLIN Vittoria, da Cornuda (Treviso), proveniente da Altivole (Treviso), moglie di Poloni Beniamino e madre del militare Poloni Martino (classe 1900).

BUSSIOL Maria fu Giovanni, nata a Cornuda (Treviso), moglie di Precoma Agostino; morì l'8 settembre 1919, all'età di 76 anni, a Solarino.

CAMPANA Anna fu Giambattista, da San Nazario (Vicenza), moglie di Turri Marco, madre del militare Turri Giobatta Salvatore (classe 1896).

CAMPANA Antonio di Anselmo (militare, della classe 1878) e di Giuliani Giovanna, nato a San Nazario (Vicenza) il 14 luglio 1907; frequentò la prima elementare dal 17 dicembre 1917 e per tutto il restante anno scolastico.

CAMPANA Natale di Anselmo (militare, della classe 1878) e di Giuliani Giovanna, da San Nazario (Vicenza).

CAPPELLER Carlina di Augusto e di Sartori Emilia, nata a Venezia il 4 gennaio 1913; frequentò l'asilo infantile nel quarto e nel quinto bimestre dell'anno scolastico 1917-1918.

CHIAROTTO Gina di Luigi e di Intrigo Antonia, nata a Fossalta di Portogruaro (Venezia), l'11 marzo 1914; frequentò l'asilo infantile nell'anno scolastico 1917-1918.

CHIAROTTO Luigi di Osvaldo, da Fossalta di Portogruaro (Venezia).

CHIAROTTO Maria di Luigi (sarto) e di Intrigo Antonia, nato a Fossalta di Portogruaro(Venezia) il 12 luglio 1912, abitante a Solarino in via Ruggero Settimo; frequentò l'asilo infantile nell'anno scolastico 1917-1918, e la prima elementare dal 13 novembre 1918; si trasferì con la famiglia in altro paese il 9 marzo 1919.

CODROMAS Luigia, da Torreano (Udine), moglie di Felettigh Luigi e madre del militare Felettigh Pio (classe 1887).

COLLAVINO Amelia di Giovanni e di Blasutta Maria, nata a Ragogna (Udine) il 14luglio 1913; frequentò l'asilo infantile nel terzo bimestre dell'anno scolastico 1917-1918.

COLLAVINO Caterina di Giovanni (bracciante) e di Blasutta Maria, nata a Ragogna (frazione Muris) in provincia di Udine il 4 settembre 1911, abitante a Solarino in via Ruggero Settimo; frequentò la prima elementare dal 16 novembre 1917 ed abbandonò la scuola il 3 maggio 1918 perché si trasferì altrove con la famiglia.

COLLAVINO Matilde di Giovanni e di Blasutta Maria, nata a Ragogna (Udine) il 28 ottobre 1914; frequentò l'asilo infantile nel terzo bimestre dell'anno scolastico 1917-1918.

COLLAVINO Nicolo fu Giovanni, da Ragogna (frazione Muris) in provincia di Udine, padre del militare Collavino Attilio (classe 1895).

COMINOTTI Albina di Giovanni (contadino) e di Ronchi Eva, nata a Pinzano (Udine) il 17 novembre 1909; proveniente dalla scuola pubblica di Pinzano, frequentò la seconda elementare dal 19 novembre 1917 ed abbandonò durante il terzo bimestre poiché trasferitasi con la famiglia a Masio (Alessandria).

COMINOTTI Annita di Giovanni (contadino) e di Ronchi Eva, nata a Ragogna (Udine) il 17 novembre 1907, abitante a Solarino in via Palestra 32; frequentò la quarta elementare dal 17 novembre 1917 ed abbandonò la scuola durante il terzo bimestre.

COMINOTTI Caterina, da Sequals (Udine), moglie del militare Ferrarin Erminio; con 1 figlio.

COMINOTTI Giovanni fu Antonio, da Pinzano (Udine), padre del militare Cominotti Ermenegildo (classe 1898).

COMINOTTI (o TONIUTTI) Tranquilla di Giovanni, da Ragogna (Udine), moglie del militare De Monte Giacomo (classe 1891); con 3 figli.

COSMITZ Anna (Maria) vedova Zavagna, da Fossalta di Portogruaro (Venezia), madre del militare Zavagna Giusto (classe 1887).

D'AGOSTI Clementina, moglie di Toso Giacomo (classe 1876); con 6 figli.

DE BORTOLI Luigia, da Cornuda (Treviso), madre del militare Precoma Angelo di Giovanni (classe 1892).

DELLA PIETRA Beniamino fu Giovanni, da Cercivento (Udine).

DE NARDO Franco di Fortunato e di Cominotto Speranza, nato a Sequals (Udine) il 15 maggio 1915; frequentò l'asilo infantile nell'anno scolastico 1917-1918.

DE SANTI Alfonso, nato nel 1876, marito di Riegger Caterina; con 4 figli.

DE SANTI Antonia di Alfonso e di Riegger Caterina, nata a Morgano (Treviso) il 6 febbraio 1915; frequentò l'asilo infantile nel quarto e nel quinto bimestre dell'anno scolastico 1917-1918.

DE SANTI Rosina di Alfonso e di Riegger Caterina, nata a Fellbach il 22 agosto1913; frequentò l'asilo infantile nel quarto e nel quinto bimestre dell'anno scolastico 1917-1918.

DE ZAN Teresa in Cominotto, da Sequals (Udine), madre del militare Cominotto Angelo (classe 1892).

DIAMANTE Gina fu Giuseppe e di Rossi Virginia, nata a Fossalta di Portogruaro (Venezia) il 3 ottobre 1914; frequentò l'asilo infantile nell'anno scolastico 1917-1918.

DIAMANTE Maria di Giambattista, da Fossalta di Portogruaro (Venezia), moglie del militare Pessa Antonio (classe 1883).

DI BIASIO Napoleone fu Pietro, da Pinzano (Udine).

DI VORA Giovanni di Giuseppe, da Cercivento (Udine).

DORICO Maria, da Cornuda (Treviso), proveniente da Altivole (Treviso), moglie del militare Merotto Augusto (classe 1880); con 6 figli.

FELTRIN Giorgio di Vittorio e di Merlo Amelia; morì il 9 aprile 1919. all'età di 9 anni, a Solarino. (Nota: di questo decesso - segnato nei registri parrocchiali - non si è rinvenuta traccia, inspiegabilmente, nei registri dello Stato Civile del Comune).

FELTRIN Norma di Vittorio (industrioso) e di Merlo Amelia, nata ad Altivole (Treviso); morì 1' 11 aprile 1919, all'età di 1 anno, a Solarino nella sua abitazione di via Radazzi 30.

FELTRIN Rita di Vittorio (industrioso) e di Merlo Amelia (casalinga), nata a Crocetta Trevigiana (Treviso); morì il 3 marzo 1919, all'età di 3 anni, a Solarino nella sua abitazione di via Rattazzi 30.

FERUGLIO Alda di Angelo (muratore) e di Colautti Domenica, nata a Paderno (Udine) il 6 giugno 1911, abitante a Solarino in via Solferino; frequentò la prima elementare dal14 novembre 1917 e per tutto il restante anno scolastico, e la seconda elementare fino al secondo bimestre; il 3 febbraio 1919, insieme alla famiglia, fece ritorno al paese nativi.

FERUGLIO Alice di Angelo (muratore) e di Colautti Domenica, nata a Paderno (Udine) il 23 agosto 1907, abitante a Solarino in via Solferino 7; frequentò la quarta elementare dal 13 novembre 1917 e per tutto il restante anno scolastico, e la quinta elementare dal 19novembre 1918; il 18 gennaio 1919 dichiarò alla maestra di trasferirsi a Paderno.

FERUGLIO Amelia di Angelo (impresario) e di Colautti Domenica, nata a paterno (Udine) il 18 settembre 19(X), abitante a Solarino in via Solferino 7;

frequentò la sesta elementare dal 14 novembre 1917 e dichiarò alla maestra di abbandonare la scuola per esercitare il mestiere di panettiera il 6 marzo 1918.

FERUGLIO Anna di Luigi (contadino) e di Lizzi Maria, nata a Paderno (Udine) il 2 novembre 1899; frequentò la quinta elementare dal 14 novembre 1917 ed abbandonò la scuola durante il terzo bimestre.

FERUGLIO Elia di Luigi (contadino) e di Lizzi Maria, nata a Paderno (Udine) il 5 aprile 1901; frequentò la quinta elementare dal 14 novembre 1917 ed abbandonò la scuola durante il terzo bimestre.

FERUGLIO Giuseppe di Giordano (contadino) e di Lizzi Noemi, nato a Udine il 5aprile 1911; frequentò la prima elementare dal 15 novembre 1917 e per tutto il restante anno scolastico.

FERUGLIO Norina di Angelo (muratore) e di Colautti Domenica, nata a Paderno(Udine) il 20 agosto 1909; proveniente dalla scuola pubblica di Paderno, frequentò la seconda elementare dal 12 novembre 1917 e per tutto il restante anno scolastico, e la terza elementare fino al secondo bimestre dell'anno scolastico 1918-1919; poi si trasferì con la famiglia al suo paese.

FILETTIGH Francesco fu Antonio, da Torreano (Udine), con moglie, padre del militare Filettigh Antonio (classe 1892).

FILETTIGH Geronima, da Cividale del Friuli (Udine), vedova del militare Iacuzzi Pietro.

FILETTIGH Luigi fu Antonio, da Torreano (Udine), marito di Codromas Luigia, padre del militare Filettigh Pio (classe 1887).

FILETTIGH Pietro di Francesco, da Torreano (Udine).

FORNASIER Antonietta di Domenico e di Mardegan Emerita, nata a Cornuda (Treviso); frequentò la terza elementare dal 24 dicembre 1918 fino al quarto bimestre; poi si trasferì con la famiglia al paese natio.

FORNASIER Giuseppe, da Cornuda (Treviso), proveniente da Altivole (Treviso), padre del militare Fornasier Domenico; con famiglia composta di 9 persone fra cui la moglie e la nuora Mardegan Emerita con 4 figli.

FORNASIER Luigia di Domenico e di Mardegan Emerita, nata a Cornuda (Treviso)il 20 dicembre 1912, abitante a Solarino in via Machiavelli; frequentò l'asilo infantile nel quinto bimestre dell'anno scolastico 1917-1918, e la prima elementare dal 12novembre 1918e per tutto il restante anno scolastico.

FORNASIER Primo di Domenico e di Mardegan Emerita, nato a Cornuda (Treviso) il 16 agosto 1909; frequentò la prima elementare per tutto l'anno scolastico 1918-1919.

GASPARETTO Matilde, da Cornuda (Treviso), moglie di Bordin Gioachino, madre del militare Bordin Zaccaria (classe 1899).

GOTTARDI Maddalena, abitante a Solarino in via Solferino 41 (o 47), madre del militare Mazzolini Antonio (classe 1892).

GREGORIN Maria di Angelo, da San Giorgio di Nogaro (Udine), moglie del militare Pascolutti Dante; con 2 figli.

GULLION Emilio fu Pietro, da Torreano (Udine).

IACUZZI Emilia fu Pietro e di Filettigh Geronima, nata a Prestento (Udine) 1' 1 settembre 1910, abitante a Solarino in corso Vittorio Emanuele; proveniente dalla scuola pubblica di Prestento, frequentò la seconda elementare dall'I 1 novembre 1917 ed abbandonò durante il terzo bimestre perché trasferitasi con la famiglia in un altro paese.

IACUZZI Giacomo, da Torreano (Udine).

IACUZZI Giuseppe fu Pietro e di Filettigh Geronima, nato a Torreano (Udine) il 7 aprile 1912; frequentò l'asilo infantile fino al secondo bimestre dell'anno scolastico 1917-1918.

IACUZZI Laura fu Pietro e di Filettigh Geronima, nata a Torreano (Udine) il 9 ottobre 1913; frequentò l'asilo infantile fino al secondo bimestre dell'anno scolastico 1917-1918.

IACUZZI Teresa fu Pietro e di Filettigh Geronima, nata a Torreano (Udine) il 17 marzo 1915; frequentò l'asilo infantile fino al secondo bimestre dell'anno scolastico 1917-1918.

IETRI Angela, nata a San Giorgio di Nogaro (Udine) nel 1848.

MACCOR Domenica, da Pinzano (Udine), moglie del militare Tisin Giobatta (classe 1891); con 2 figli.

MARDEGAN Emerita, da Cornuda (Treviso), moglie del militare Fornasier Domenico (classe 1879); con 5 figli.

MERLIN Gabriele di Giovani e di Morassi Lucia, nato a Cerei vento (Udine) il 31gennaio 1905; frequentò la quarta elementare dal 21 dicembre 1917 e si trasferì con la famiglia a Diano Marina (Imperia) il 18 marzo 1918.

MEROTTO Isidoro. Proveniente da Altivole (Treviso), padre del militare Merotto Augusto (classe 1880); con famiglia composta di 14 persone fra cui la madre Dorigo Maria con 6 figli e la nuora Biguin Giuseppina con 4 figli.

MOCELLIN Cristiano fu Domenico, da San Nazario (Vicenza).

MOCELLIN Giovanna fu Vincenzo, da San Nazario (Vicenza), madre del militare Mocellin Domenico (classe 1892).

MOCELLIN Natalia di Cristiano (muratore) e di Mocellin Giovanna, nata a San Nazario (Vicenza) il 2 febbraio 1907, abitante a Solarino in via Garibaldi; frequentò la terza elementare dal 3 dicembre 1917 ed abbandonò la scuola durante il secondo bimestre.

MONDIN Sante, da Cornuda (Treviso), proveniente da Altivole (Treviso), padre del militare Mondin Primo (classe 1897); con famiglia composta dalla moglie e da altre 4 persone.

MORASSI Maria fu Pietro, da Cercivento (Udine), moglie del militare De Conti Isidoro (classe 1889); con 1 figlio.

MUSER Giorgio fu Osvaldo, da Cercivento (Udine), padre del militare Muser Giovanni (classe 1897);

NOAL Giuseppe fu Felice, da Cornuda (Treviso).

PAGAN Enea (?) fu Onorato (pescatore) e di Lettich (?) Caterina, nata a Lussingrande (Pola) il 27 dicembre 1906, abitante a Solarino in via Principe Umberto; frequentò, per poco tempo, la terza elementare dal 23 aprile 1918.

PAGAN Gioconda fu Onorato e di Lettich (?) Caterina, nata a Lussingrande

(Pola) il 9 giugno 1912; frequentò l'asilo infantile nel quarto bimestre dell'anno scolastico 1917-1918.

PASCOLUTTI Antonio, da San Giorgio di Nogaro (Udine).

PASCOLUTTI Ida, moglie del militare Volpai Ernesto. nata a Trieste nel 1881.

PASCOLUTTI Maria, da San Giorgio di Nogaro (Udine), moglie del militare Baratin Egidio (classe 1881); con 3 figli.

PASCOLUTTI Nives di Dante e di Gregorin Maria, nata a Pieris (Gorizia) il 6 febbraio 1915; frequentò l'asilo infantile nell'anno scolastico 1917-1918.

PASCOLUTTI Vasco di Dante e di Gregorin Maria, nato a San Giorgio di Nogaro (Udine) nel 1916.

PENSO Silvio di Silvio e di Varagnolo Giacomina, nato a Cherso (Pola) il 5 aprile 1912: frequentò l'asilo infantile nel quarto e nel quinto bimestre dell'anno scolastico 1917-1918.

PESSA Angelo di Luigi, da Fossalta di Portogruaro (Vicenza).

PESSA Bruna di Luigi (falegname) e di Termini Caterina, nata a Fossalta di Portogruaro (Venezia) il 9 marzo 1903; frequentò la quinta elementare dal 16 novembre 1917; il 21 dicembre dello stesso anno dichiarò alla maestra di trasferirsi a Modena.

PESSA Luigi fu Antonio, da Fossalta di Portogruaro (Venezia).

PIEROTTI Antonia, da Cornuda (Treviso), madre del militare Trinca Raimondo (classe 1890).

POLONI Beniamino, da Cornuda (Treviso), proveniente da Altivole (Treviso). Marito di Bresolin Vittoria e padre del militare Poloni Martino (classe 1900); con famiglia composta di 6 persone.

PRAVISANI Anna fu Carlo e fu Feruglio Caterina, vedova di Feruglio Domenico, nata a Udine; morì il 14 gennaio 1919, all'età di 75 anni, a Solarino nella sua abitazione di via Solferino 7.

PRECOMA Eugenia di Giovanni (contadino) e di De Bortoli Luigia, nata a Cornuta (Treviso) il 15 luglio 1909, abitante a Solarino in via Palestre 32; frequentò la terza elementare dal 2 gennaio 1919 e per tutto il restante anno scolastico.

PRECOMA Ludovico di Giovanni e di De Bortoli Maria, nato a Cornuda (Treviso) il 25agosto 1912; frequentò l'asilo infantile nel quinto bimestre dell'anno scolastico 1917-1918.

PUPPO Enrico di Donato e di Bergamo Antonia, nato a Fossalta di Portogruaro (Venezia) il 13 novembre 1912; frequentò l'asilo infantile nell'anno scolastico 1917-1918.

PUPPO Fausto di Remolo (industrioso) e di Tonin Luigia (casalinga), nato a Fossalta di Portogruaro (Venezia); frequentò l'asilo infantile nell'anno scolastico 1917-1918; morì il15 novembre 1918, all'età di 4 anni, a Solarino nella sua abitazione di via Corso.

PUPPO Giovanni di Donato (contadino) e di Bergamo Antonia, nato a Fossalta di Portogruaro (Venezia) nel 1910; frequentò la prima elementare dal 12 dicembre 1917 e per tutto il restante anno scolastico, e la seconda elementare dall'inizio dell'anno scolastico 1918-1919; si trasferì con la famiglia in un altro paese il 2 marzo 1919.

PUPPO Romano di Romolo e di Tonin Luigia, nato a Fossalta di Portogruaro (Venezia); frequentò l'asilo infantile nell'anno scolastico 1917-1918.

PUPPO Santa di Romolo e di Tonin Luigia, nata a Fossalta di Portogruaro (Venezia), l'8 maggio 1911, abitante a Solarino in via Ruggero Settimo; frequentò la prima elementare dal 13 novembre 1918; si trasferì con la famiglia in un altro paese il 2 marzo 1919.

RIEGGER Caterina, moglie di De Santi Alfonso; con 4 figli.

RIZZOTT1 Luigi di Angelo, da Sequals (Udine).

RONCHI Eva, da Pinzano (Udine), moglie del militare Cominotti Giovanni (classe1883); con 4 figli.

ROSSETTI Gildo di Beniamino (contadino) e di Rossetti Giovanna, nato a Monfalcone (Trieste) nel 1904; frequentò la prima elementare dall'inizio dell'anno scolastico1918-1919; il 10 aprile 1919 dichiarò al maestro di volersi trasferire con la famiglia nel Comune di Chioggia (Venezia).

ROSSI Virginia di Angelo, da Fossalta di Portogruaro (Venezia), vedova del militare Diamante Giuseppe; con 1 figlia.

SARIA. Anna, da Resiutta (Udine), moglie del militare Saria Antonio (classe 1878); con 2 figli.

SARIA Eleonora di Virgilio (muratore) e di Beltrame Arduina, nata a Resiutta (Udine) il 2 novembre 1908, abitante a Solarino in via Machiavelli; proveniente dalla scuola pubblica di Resiutta, frequentò la seconda elementare dal 10 novembre 1917 ed abbandonò durante il quarto bimestre perché trasferitasi con la famiglia in un altro paese.

SARIA Giovanni fu Pietro Antonio, da Resiutta (Udine).

SARIA Lino di Virgilio (muratore) e di Beltrame Arduina, nato a Resiutta (Udine)il 18 ottobre 1902; proveniente dalla scuola pubblica di Gemona (Udine), frequentò la sesta elementare dal 26 novembre 1917; 1'8 maggio dichiarò al maestro di volersi trasferire nella sesta classe della Città di Brescia.

SARIA Luigi di Antonio e di Saria Anna, nato a Resiutta (Udine) il 7 agosto 1910; frequentò la prima elementare dal 12 dicembre 1917, per poco tempo; poi partì.

SARTORI Emilia di Giovanni, moglie del militare Cappeller Augusto fu Antonio (classe 1879); con 5 figli.

SCUBLA (?) Antonio fu Giuseppe, da Moruzzo (Udine).

SPINETTA Sebastiano, da Coirmela (Treviso), proveniente da Altivole (Treviso), padre del militare Spinetta Giacinto: con famiglia composta di 3 persone.

TAVERNA Ferruccio di Floriano (fornaciaio) e di Taverna Rosa, nato a San Giorgio di Nogaro (Udine) nel 1909; frequentò la seconda elementare dal 12 dicembre 1917 e per tutto il restante anno scolastico.

TAVERNA Maria di Floriano (contadino) e di Taverna Rosa, nata a San Giorgio di Nogaro (Udine) il 18 marzo 1906, abitante a Solarino in via Roma; frequentò, per poco tempo, la terza elementare dal 2 gennaio 1918.

TAVERNA Palmira di Floriano, da San Giorgio di Nogaro (Udine), moglie del militare Paoluzzi Leonardo (classe 1890); con 1 figlio.

T1SIN Lodovico fu Giambattista, da Pinzano (Udine).

TONI (?) Luigia, da Fossalta di Portogruaro (Venezia), moglie del militare Puppo Romolo (classe 1880); con 5 figli.

TONIUTTI Giovanni, da Ragogna (fraz. Muris) in prov. di Udine.

TONIUTTI (o COMINOTTO Tranquilla di Giovanni, da Ragogna (Udine), moglie del militare De Monte Giacomo (classe 1891); con 3 figli.

TOSO Amabile di Domenico, da Moruzzo (Udine).

TOSO Gelso di Domenico (contadino) e di Toso Lina, nato a Magralici (nota: forse Magredis, in provincia di Udine) l'8 ottobre 1910; frequentò la prima elementare dal 12 dicembre 1917, per poco tempo; poi partì.

TOSO Corina di Domenico e di Vicario Dossolina, nata a Moruzzo (Udine) il 14luglio 1913: frequentò l'asilo infantile nel terzo bimestre dell'anno scolastico 1917-1918.

TOSO Elio di Domenico (contadino) e di Toso Lina, nato a Magralici (nota: forse Magredis, in provincia di Udine) il 20 maggio 1909; frequentò la prima elementare dal 12 dicembre 1917; per poco tempo; poi parti.

TOSO Ludovica di Domenico (contadino) e di Vicario Dossolina, nata a Povoletto (Udine) il 9 dicembre 1907: proveniente dalla scuola pubblica di Povoletto, frequentò la seconda elementare dal 19 novembre 1917 ed abbandonò durante il terzo bimestre perché trasferitasi con la famiglia in un altro paese.

Cartolina inviata, nel dicembre 1917, da un militare alla madre, profuga a Salarino (archivio storico del comune di Solarino).

TOSO Pietro di Giovanni e di D'AGOSTI Clementina, nato a Moruzzo (Udine); frequentò l'asilo infantile fino al terzo bimestre dell'anno scolastico 1917-1918.

TOSO Vittoria di Giacomo (contadino) e di D'Agosti Clementina, nata a Povoletto(Udine) il 19 ottobre 1911; frequentò la prima elementare dal 21 novembre 1917 ed abbandonò la scuola durante il quinto bimestre.

TRADOTTI Augusto, da Ragogna (frazione Muris) in provincia di Udine.

TRINCA Giuseppe fu Basilio (contadino) e di Decima Cristina, nato in Svizzera nel gennaio 1908; frequentò la prima elementare dall'inizio dell'anno scolastico 1918-1919 ed abbandonò la scuola probabilmente nel febbraio 1919.

TURRI Antonia di Marco (falegname) e di Campana Anna, nata a San Nazario (Vicenza) il 2 novembre 1905, abitante a Solarino in via Garibaldi 12; frequentò la terza elementare dal 4 dicembre 1917 ed abbandonò la scuola durante il secondo bimestre.

TURRI Marco, da San Nazario (Vicenza), marito di Campana Anna, padre del militare Turri Giobatta Salvatore (classe 1896).

TUTTI Maria fu Giuseppe (minatore) e di Tomai Maria, nata a Moggio (Udine) il 15 gennaio 1908; proveniente dalla scuola pubblica di Moggio, frequentò la seconda elementare dal 19 novembre 1917 ed abbandonò durante il terzo bimestre perché trasferitasi con la famiglia in un altro paese.

VARAGNOLO Antonio di Coriolano (commerciante) e fu Bellemo Nicoletta, nato a Lussingrande (Pola) il 29 gennaio 1907; frequentò la quarta elementare dal 12 novembre 1918e si trasferì con la famiglia nel Comune di Chioggia (Venezia) il 10 aprile 1919.

VARAGNOLO Eugenio di Coriolano (commerciante) e di Bellemo Nicoletta, nato a Lussingrande (Pola) il 16 dicembre 1904; frequentò la quarta elementare dal 22 aprile 1918e per tutto il restante anno scolastico; frequentò la terza elementare (sic!) dal 22 dicembre 1918; il 10 aprile 1919 dichiarò al maestro di trasferirsi con la famiglia nel Comune di Chioggia (Venezia).

VOLPAT Everilda di Ernesto (impiegato) e di Pascolutti Ida, nata a Trieste il 10giugno 1904, abitante a Solarino in via Ruggero Settimo 1; frequentò la sesta elementare dal5 novembre 1917 e per tutto il restante anno scolastico.

VOLPAT Lavinia di Ernesto e di Pascolutti Ida, nata a Trieste, abitante a Solarino in via Solferino (nota: la famiglia Volpat-Pascolutti abitò prima in via Solferino e, poi, in via Ruggero Settimo 1); frequentò la terza elementare dal 17 novembre 1917 e per tutto il restante anno scolastico, e la quarta elementare dal 18 novembre 1918; nel maggio 1919 partì per il suo paese.

VOLPAT Rodolfo di Ernesto e di Pascolutti Ida, nato a Trieste il 17 giugno 1906; frequentò la quarta elementare dal 4 gennaio 1918 e per tutto il restante anno scolastico, e la quinta elementare dal 12 novembre 1918; il 10 maggio 1919 dichiarò al maestro di volersi trasferire a San Giorgio di Nogaro (Udine).

ZARDANI Argentina di Pietro (contadino) e di Pincin Lucia, nata a Cornuda (Treviso), abitante a Solarino in via Ruggero Settimo 30; frequentò la terza elementare dal 2 gennaio 1919 e, durante il terzo bimestre, si trasferì con la famiglia al suo paese.

ZARDANI Anna di Pietro e di Pincin Lucia, nata a Cornuda (Treviso) il 6 agosto 1912; frequentò l'asilo infantile nel quinto bimestre dell'anno scolastico 1917-1918.

ZARDANI Emilio di Pietro (industrioso) e di Pincin Lucia, nato a Cornuda (Treviso); morì il 2 ottobre 1918, all'età di 4 anni, a Solarino nella sua abitazione di via Ruggero Settimo 30.

ZARDANI Santi di Pietro (contadino) e di Pincin Lucia, nato a Cornuda (Treviso) l'1 novembre 1908, abitante a Solarino in via Ruggero Settimo; frequentò la terza elementare dal 7 gennaio 1919 e si trasferì con la famiglia a Treviso il 10 aprile dello stesso anno.

ZARDANI Teresa (Lucia) in Mondin, da Cornuda (Treviso), madre del militare Mondin Primo (classe 1897).

ZAVAGNA Anna, da Fossalta di Portogruaro (Venezia), figlia di Cosmitz Anna(Maria).

ZAVAGNA Elisa, da Sequals (Udine).

ZAVARIN Matilde, da Cornuda (Treviso), madre del militare Precoma Eugenio di Giovanni (classe 1890).

Orazio Sudano

RIVELAZIONI SULLA DRAMMATICA NOTTE ALLA GALIOLA
tratto da "IL PICCOLO DI TRIESTE"
pag. VII domenica 9 giugno 1935 - Anno VIII.

Pur affidando il giudizio di questa triste vicenda alla storia, vogliamo ricordare dopo 80 anni la figura di Nazario Sauro e degli avvenimenti che precedettero la sua cattura attraverso la commossa testimonianza di Enea Cenacchi superstite del leggendario sommergibile "Giacinto Pullino ". Sentiamo il dovere di onorarne la memoria, non soltanto per il suo eroico valore, ma anche per il sincero rapporto di stima e amicizie che lo legavano a quell' epoca a S. Giorgio di Nogaro.
"Lo scoglio Galiola si trova a ponente della punta nord dell'isola di Lussino. Vi è sistemato un faro in una torre di ferro sul tetto di una casa bianca. A nord-est e a sud-ovest è contornato di secche".
Così il libro delle segnalazioni marittime descrive l'isolotto dal quale Nazario Sauro è salito nell'apogeo dei grandi eroi della Patria. Così era catalogata nella sua attenta mente di capitano questa secca che affiora a metà Carnaro, cumulo di pietre calcinate dalle onde di tutti i venti che subissano questo tratto di mare.
Navigando tra Pola e Lussino, quando il mare è calmo, si vede l'azzurro intenso appena seguito da un punto abbagliante che, talvolta, sotto il sole sembra metallo. Non c'è nave che passi e non abbia sul ponte almeno un uomo con lo sguardo fisso su Cherso, là dove or sì or no, esce dalle onde il breve contorno della Galiola: è l'omaggio silenzioso di chi va per mare e sa quanto poco valgono le parole.

In vista dello storico scoglio.

Come ci si avvicina alla Galiola e i contorni dell'isolotto si fanno meno esigui e sorge dal cristallo purissimo dell'acqua l'ossatura delle pietre, il sangue preme nel petto e ogni bocca si fa muta.
I rematori e il vecchio pescatore di Unie tacciono curvi sui remi. Si fa meditabondo chi, gli occhi fissi nell'acqua, cerca le rocce infide che hanno attanagliato il "Giacinto Pullino". Gli uomini nella barca sono presi nella stessa atmosfera di raccoglimento e di devozione che conquista chi, combattente, visita i campi di battaglia.
La Galiola non è una tomba; è il segno primo del Martirio di Sauro, è il simbolo della sua gloria fatta della sua stessa pietra eterna, immacolata come quella di un altare. È il monumento che più assomiglia all'Eroe: splendidamente solo sul mare grande, indifferente alla burrasca, fasciato d'azzurro, coperto d'azzurro, immerso nell'azzurro...
Il fondo sale rapidamente. A cento metri dalla riva gruppi di rocce acuminate sono quasi a fior d'acqua. Uno spesso velluto di alghe copre gli spuntoni, i denti, le mille unghie che si sono conficcate nel corpo del sommergibile. La tragedia qui non trova ricordi. Come sulle trincee del Carso, qui, sotto un metro d'acqua, la vegetazione nasconde le ferite.

La rievocazione di Enea Cenacchi.

Ma il ricordo è vivo -ben vivo e chiaro- nel cuore di chi fu con l'Eroe nel viaggio fatale. Il secondo capo del "Pullino" cav. Enea Cenacchi -oggi attivo e fattivo Podestà di Mogliano Veneto- parla sottovoce, con lentezza quasi le parole cercassero la forma e il suono di vent'anni fa.

Di tanto in tanto Verbora, un vecchio pescatore dell'isola di Unie, offre un nome, un particolare, un ricordo di quando "il sottomarino italiano si era incagliato alla Galiola...".

Il fatto rinasce così in tutta la sua tragica semplicità.

Come le dorate tessere di un mosaico le frasi, i segni della mano, l'espressione degli occhi e questa asprezza dell'isola disabitata, col cupo della casa vuota, sormontata dalla torre luminosa che nell'automatismo del faro conserva una strana forma di vita, contribuiscono a formare il quadro delle ore che precedettero la prigionia dell'Eroe.

Nessuno di noi era nuovo a quelle imprese, ricorda Enea Cenacchi, ma quel giorno avevamo l'animo agitato come da un presagio di sventura. Combinazione? Cattivo tempo che influiva sui nervi? Non so. Prima di imbarcarmi volli scrivere a casa per salutare tutti i miei. Sauro mi parve non triste, ma raccolto.

Contrariamente al solito lasciò appena fuori dall'ormeggio la plancia e scese all'interno del sommergibile. Le altre volte restava sopra coperta a chiacchierare.

Raccontava della sua vita e si divertiva molto, e noi con lui, a ricordare le beffe che aveva combinato ai danni dell'Austria.

Era cordialissimo con tutti, ufficiali e marinai, e tutti gli volevano bene. Sapeva il rischio al quale si esponeva.

Quello che l'equipaggio del "Pullino" sentiva per lui non era semplice riconoscimento gerarchico, ma devozione fatta di stima e di ammirazione per l'uomo e per il marinaio.

I gradi non inceppavano la sua innata cordialità.

Durante altre imprese rischiose, non meno di quella verso alla quale andavamo la notte del 30 luglio 1916, l'ho visto imperturbabile sorridere. Non si è mostrato certo preoccupato quel giorno quando, in navigazione verso Fiume, avvistati da un aeroplano, siamo stati fatti segno a lancio di bombe. Lo scoppio di una aveva immerso nell'oscurità la nave che si era rifugiata a quaranta metri.

"Sono pronto ad andare" Il comandante del sommergibile aprì subito dopo l'avvistamento, la busta sigillata che conteneva le istruzioni da seguire in questi casi.

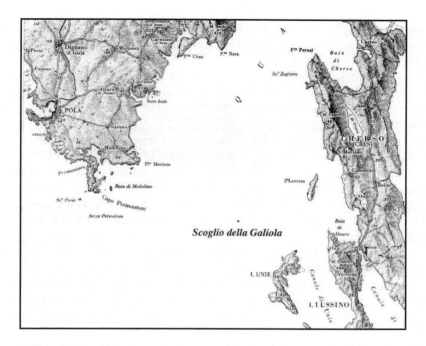

Scoglio della Galiola

L'ordine era di rientrare alla base. Bisognava ubbidire, naturalmente, ma alcuni di noi tentammo di insistere per portare a compimento l'impresa.

Pregammo anche Nazario Sauro di convincere il comandante. "Per conto mio - egli disse - sono pronto ad andare..."

Nell'impresa del 10 luglio il sommergibile era appoggiato dalle torpediniere di Costanzo Ciano.

In quell'occasione il "Pullino" attraversò il Quarnero in immersione. Nazario Sauro guidò la nave con la bussola. Compiuta l'impresa con il lancio di due siluri -uno contro un piroscafo che affondò, l'altro contro il silurificio- la nave riprese il largo navigando sottacqua. Quando fummo al luogo dell'appuntamento affiorammo. Per fortuna venne subito issata la bandiera. Un po' di ritardo e le nostre torpediniere ci avrebbero crivellato di colpi.

Per evitare il ripetersi di errori di questo genere il Comando in Capo dispose che nell'impresa del 30 il sommergibile non fosse accompagnato da navi appoggio, ma che queste dovessero trovarsi in un punto fissato ad attendere la chiamata del "Pullino".

Nella storica notte.

Tempo brutto quella notte: mare grosso e una pioggia fine fine che metteva malinconia. Si doveva entrare nel Quarnero passando tra la Galiola e Unie. La notte precedentemente stabilita, certo per evitare possibili sbarramenti, ci obbligava avvicinarsi a 100 metri dallo scoglio. La nave rullava e beccheggiava come una foglia. Il ciclo era chiuso, basso, come un coltrone di feltro. La navigazione sarebbe proceduta alla superficie fino alla Faresina dove, verso le 4, ci si sarebbe immersi. Invece...

In coperta c'era il comandante capitano di corvetta Ubaldo degli Uberti, l'ufficiale in seconda tenente di vascello Carlo Alberto Coraggio, Nazario Sauro e il timoniere. Non un momento l'attenzione di questi uomini s'attenuò. Sapevano essere vicina la Galiola e temevano l'insidia delle secche. La rotta era di continuo controllata, eppure ad un tratto sentimmo, e chi era nello scafo più degli altri, uno schianto come se ci fosse scoppiata una torpediniera sotto lo scafo. Per due o tre volte le botte che erano tremende, che parevano schiantare la nave, si ripeterono, poi il "Giacinto Pullino" si piegò su un fianco, vinto, prigioniero delle rocce, squalo avvinghiato dagli invisibili arpioni del subdolo isolotto.

Le cause dell'incaglio? Fatalità. Chi conosce il mare sa il triste valore di questa parola che è tutto e nulla.

La isoletta è circondata da correnti foltissime, la casa del faro che ora è bianca, allora era scura e per di più bagnata e quindi ancor meno visibile.

Una notte -racconta il pescatore di Unie- ho vogato, io che da quarant' anni batto questo mare, per un'ora senza potermi allontanare dallo scoglio. Vogavo e vogavo e mentre credevo di avviarmi verso casa le correnti mi facevano girare attorno all'isola...

Dopo una sommaria visita allo scafo -dice il cav. Cenacchi riprendendo la sua narrazione- iniziammo i tentativi di disincaglio.

Era la mezza dopo mezzanotte. A bordo regnava la massima calma. Anche Nazario Sauro era sereno e non si preoccupava che delle manovre necessarie. L'isola e la casa non si vedevano. Io almeno non le vedevo. Si sentiva la vicinanza dello scoglio per il rumore dei frangenti.

Inchiodati allo scoglio.

Il Comandante fece lanciare due piccioni viaggiatori. La radio funzionava perfettamente e vennero inviati i segnali convenuti. La forte inclinazione della nave e quindi dell'antenna, può aver influito sulle trasmissioni o queste sono state intercettate? Ho fondato motivo di ritenere che prima ancora dell'avviso telefonato da Unie a Lussino e da qui a Fola, all'Ammiragliato sapessero che qualche cosa era avvenuto. Era convinzione dei nostri ufficiali che la Galiola fosse disagiata. Ma anche sapendola abitata, nulla potevamo tentare fino alle prime luci dell'alba. L'oscurità era tale che non si poteva pensare di guadagnare la riva a nuoto.

Non sapevamo neppure dove esattamente fossimo incagliati.

Per tre ore i motori furono sottoposti al più aspro lavoro. Erano rossi, ma il sommergibile non si muoveva.

La situazione si rivelò subito disperata. Non saprei ripetere con matematica precisione le parole di Nazario Sauro quando vide che ogni via di salvezza ci era preclusa.

Ma non falso il significato delle sue frasi ricordando come dicesse: "Per me è la fine, è la forca...". Non lo vidi mai perdere la sua serenità e quel leggero sorriso che faceva tanto simpatico il suo volto.

A bordo l'ansia del lavoro e la perplessità del momento non facevano dimenticare la preoccupazione per lui. Nessuno di noi ignorava che cosa volesse dire per Sauro la prigionia.

Quelle ore che precedettero il giorno le ricordo come un sogno grave di incubi.

Il mare e il cielo pesavano sui nostri animi, ma la ferma tranquillità dei marinai tentava di reagire all'ineluttabilità del destino.

Verso le due ero a prua, seduto a terra. Avevo gli occhi fissi nel vuoto, ero assente. Qualcuno venne a sedersi vicino a me, non mi mossi, non guardai.

Una voce parlò: era Nazario Sauro calmo e sereno era come non lo avevo visto alla partenza da Venezia. Indovinavo il suo volto più che vederlo, ma sentivo che i suoi occhi guardavano laggiù verso l'Istria.

È sorta allora nella sua mente, il progetto della fuga?

Nazario Sauro

Parlammo della posizione della nave e della possibilità di essere soccorsi.

Una decina di minuti dopo si alzò e fu inghiottito dalla notte. Da poppa continuavano ad uscire gli scoppi degli scappamenti dei motori. Così fino all'alba.

Il proposito di Sauro.

Alle prime luci vedemmo la casa del faro e ci rendemmo conto della nostra posizione. Eravamo sulle rocce della punta di maistro. Un bel tratto di mare basso ci divideva dalla terra; Sei o sette di noi scivolammo in acqua e ci avviammo nell'isoletta.

Ci accorgemmo subito ch'era abitata e, come il cielo si rischiarò un tantino vedemmo una barca che navigava verso Unie, anzi ritenemmo verso Lussino. Una rapida visita alla casa servì a farci constatare come l'isola non disponesse di radio e di telefono. La casa era abitata da quattro guardiani con le famiglie.

Il pescatore di Unie cerca di ricordare i nomi: Nicolich, Poserina. Manzini, Viduli. I due ultimi erano nella barca che si dirigeva verso Unie. Sullo scoglio vi erano le due barche che i fanalisti usavano per la pesca e per i servizi di comunicazione...

Quando scorgemmo la barca che si dirigeva verso terra -continua il secondo capo del "Pullino"- ne demmo avviso al comandante.

Dovevamo affondarlo a colpi di cannone? Sarebbe stato come suonare l'adunata. Tornato a bordo appresi la decisione di Nazario Sauro.

Voleva allontanarsi solo per tentare di raggiungere l'Istria. Nulla servì a dissuaderlo. Il comandante Degli Uberti non gli nascose il pericolo di farsi trovare lontano dagli altri, isolato. Anche noi cercammo di trattenerlo... "Bisogna che vada via solo, non posso restare... se riesco ad approdare in Istria mi posso salvare... se mi prendono prima, per me è finita".

Come passavano i minuti l'emozione cresceva. Sentivamo inconsciamente la tragedia gravare su di noi. Il mare si era un po' calmato. Egli fece tirar fuori l'imbarcazione di gomma e la fece preparare.

La tranquillità di quell' ufficiale che tanto serenamente si apprestava ad affrontare la forca ci rendeva estatici. Fu poco prima della sua partenza che ci accordammo sulla versione da dare in caso di cattura. Egli doveva essere per tutti Nicolo Sambo, ufficiale imbarcato per fare pratica sui sommergibili prima di assumere il comando di una di queste navi.

Il distacco dell'Eroe.

Durante questo tempo Nazario Sauro si intratteneva con il comandante e con l'altro ufficiale. La forza della sua decisione rendeva inutili le parole dei suoi colleghi...

Il mare lo aspettava, là vedeva la libertà, all'orizzonte la Patria.

I Martiri sono guidati nei loro atti supremi da volontà che noi non sappiamo. Nazario Sauro seguiva certo questa volontà quando lasciò la tolda del "Giacinto Pullino" per scendere nella fragilissima imbarcazione che lo attendeva.

Il distacco strinse il cuore a tutti. La voce di Enea Cenacchi è velata. I suoi occhi vedono la scena e riflettono l'intera commozione che oggi ancora li agita.

Ricordo. Eravamo tutti in coperta. Egli strinse la mano al comandante Degli Uberti e al comandante Coraggio. Ci salutò. Quando egli fu nell'imbarcazione che a mala pena lo conteneva, abbracciò con lo sguardo la nave e a guisa di un ultimo saluto ci gridò una frase che ho qui scolpita nella mente.

Non l'ho mai riportata, né scritta. Ma sento ancora il suono delle sue ultime parole; vedo la scena...

Il marinaio del "Pullino" tace per qualche istante. Quasi vent'anni sono passati, ma egli ode certo risuonare le parole di Sauro: "Un sommergibile di più, un sommergibile di meno, la Vittoria sarà sempre nostra. Viva l'Italia..."

Eravamo commossi e tristi. Qualcuno disse quasi sottovoce: chissà che non passi... Molti occhi dissero di no. Nella piccola imbarcazione Nazario Sauro si allontanava, andava verso il martirio. L'alba segnava appena la sua luce sul mare. Ritornammo all'isola e ci dirigemmo verso lo scalo dove avevamo visto una grande barca.

I due guardiani tentarono di contrastarci il passo. La barca era in secca, a forza di braccia la spingemmo in mare. Quando la buttammo in acqua ci accorgemmo che il foro, aperto sul fondo per asciugarla non era otturato e uno zampillo d'acqua entrava allegramente. Dovemmo provvedere in fretta per otturarlo.

Il comandante a bordo dava disposizioni per rendere inutilizzabile il sommergibile. Vennero lanciati i siluri, bruciate le sistemazioni elettriche, spezzata la bussola. Personalmente Ubaldo Degli liberti sparò a granata contro lo scafo. L'equipaggio intanto aveva preso posto sulla barca. Mancava solamente il comandante.

A Unie intanto erano giunti i due sorveglianti del faro. Stentarono un po' a farsi capire da Lussino da dove si telefonò a Fola.

La notizia si propagò subito per l'isola, racconta il vecchio Verbora, qualche cannocchiale fu puntato verso la Galiola per vedere il sommergibile. Si sentivano le cannonate che venivano sparate contro lo scafo. Il piccolo scafo di Sauro era scomparso. Si vedevano le vele della barca grande...

Il comandante Degli Uberti prima di buttarsi in mare lanciò il grido di saluto al Re -la voce di chi racconta ha un profondo tono di commozione- il vento ci portò presto lontano dal nostro bel "Pullino". Cercammo in giro sul mare, guardammo a lungo in tutte le direzioni, ma Sauro non lo vedemmo più.

La cattura.

Eravamo da poco in mare quando due aeroplani ci passarono sopra a più riprese. Si allontanarono, si abbassarono e ripresero la via del ritorno. Dovevano aver visto il minuscolo guscio sul quale vogava l'Eroe. Lanciammo due colombi viaggiatori per annunciare che eravamo stati avvistati.

Neanche mezz'ora dopo, alle 8,00 fummo raggiunti dalla torpediniera "A T B" Lanciammo gli ultimi due piccioni. Alla stessa ora arrivavano a Venezia i due primi, quelli che annunciavano la perdita del "Pullino"...

La "Satellit"- aggiunge il vecchio pescatore - uscì da Lussino e fu presto in caccia. La posizione del battello dovette essere segnalata, e presto Nazario Sauro era raggiunto. Rapidamente la tragedia si avviava alla conclusione. Calmo, sereno, nella sua sublime indifferenza Nazario Sauro si avviava verso la forca.

Una volta sola i marinai del "Pullino" rividero per pochi momenti l'Eroe. Egli usciva dall'aula del Tribunale, loro entravano. Sauro ebbe il tempo di scambiare un rapido saluto col comandante Degli Uberti e fu subito trascinato via.

Chi racconta tali episodi era rinchiuso nella cella N°78. Dopo tre giorni, protestando egli violentemente per l'inumano trattamento fatto ai prigionieri, gli fu ingiunto di tacere "se non voleva finire come Sauro".

Quando fu chiamato per essere interrogato e gli fu sottoposto un verbale contenente dichiarazioni da lui non fatte, rifiutò di sottoscriverle.

"Non importa -disse un ufficiale- se anche non lo firma è lo stesso. Noi sappiamo tutto. Sappiamo che un vostro sommergibile è rientrato ieri a Venezia e deve essere riparato, sappiamo che oltre a Sauro ve n'è un altro, che fa il traditore, buono per far salame... "Il cav. Cenacchi non ricorda il nome del volontario che l'ufficiale austriaco designò per traditore, ma ricorda che l'ufficiale disegnò con le mani la figura di un uomo grande e grosso. (Alludeva forse al cap. Piero Palese?).

Ma lo spirito grosso dell'ufficiale non cambiò strada alla storia. Come l'Eroe aveva profetizzato, al momento di lasciare il sommergibile, la Vittoria fu nostra.

Sul Carnaro la luce della Galiola segna la via ai naviganti e ripete senza sosta, come un battito di cuore, il Suo nome alla terra, al mare, al cielo.

Carlo Tigoli.

Riteniamo opportuno riportare anche il testo della lettera di addio scritta da Nazario Sauro al suo primogenito.

Caro Nino,

tu forse comprendi o altrimenti comprenderai fra qualche anno quale era il mio dovere d'Italiano.

Diedi a te, a Libero, ad Anita, a Italo, ad Albania nomi di libertà, ma non solo sulla carta; questi nomi avevano bisogno del suggello, ed il mio giuramento l'ho mantenuto. Io muoio col solo dispiacere di privare i miei carissimi e buonissimi figli del loro amato padre, ma vi viene in aiuto la Patria che è il plurale di padre e su questa Patria giura, o Nino, e farai giurare ai tuoi fratelli, quando avranno l'età per ben comprendere, che sarete sempre, ovunque e prima di tutto italiani.

I miei baci e la mia benedizione.

Papa

Da un bacio a mia mamma, che è quella che più di tutti soffrirà per me. Amate vostra madre! e porta il mio saluto a mio padre.

Nazario Sauro in carcere il giorno prima di essere giustiziato. L'esecuzione avvenne il 18 agosto del 1916, genetliaco dell'Imperatore Francesco Giuseppe.

PROFUGHI

Un caldo pomeriggio del 1919, uscito dall'Asilo, allora provvisoriamente negli stabili Vucetich di via Lovar, a pochi metri dalla mia abitazione, invece di rincasare accompagnai Taverna Archildo, mio coetaneo e parente, fino al secondo ponte della Semita.

Al ritorno incrociai "Piecio", un ragazzo di Chiarisacco, che cantava a squarciagola:

> *"Torna al tuo paesello*
> *ch'è tanto bello,*
> *torna al tuo casolare,*
> *torna a cantare...".*

Quel canto mi immalinconì, mi risvegliò il ricordo della profuganza e mi misi a piangere. Marie Muinie (Maria Bertossi, cugina dell'on. le Archimede Taverna), un'amica di famiglia che mi aveva salvato da una morte sicura durante un bombardamento aereo nell'inverno del 1916, mi fermò e mi chiese il motivo del pianto.

Io non seppi spiegarglielo o non osavo: come potevo dire che piangevo per aver udito un canto? Per lei ero un frignone.

Dov'ero stato profugo, quando uscivo con mia sorella dall'edificio scolastico, nel quale eravamo alloggiati, incontravamo spesso un ragazzaccio dall'aria proterva, che con tono di spregio ci cantava quella canzone.

Il giorno della Vittoria (4 novembre 1918), mentre ascoltavamo in piazza la banda che suonava, con uno sputo mi centrò un occhio.

Se mi imbattevo in lui ed ero solo, mi coglieva il terrore perché mi tormentava. Tutto questo non potevo certo raccontarlo alla buona Marie Muinie: era stata profuga anche lei a Milano, dove aveva lavorato a tornir bossoli di granata, e ora faceva la materassaia.

Mentre piangevo, come un film mi passava per la mente il ricordo del viaggio verso Firenze, Castelnuovo di Garfagnana, dove fummo smistati, il castagnaccio che mangiavamo al posto del pane e mi dava la nausea, il Serchio che scorreva sotto la scuola che ci ospitava.

Prima di fuggire da S. Giorgio, mia madre mi portò in via Ronchi per salutare la nonna Angela sua madre e la famiglia di sua sorella Giovanna, vedova Regattin, già tutti pronti alla partenza su un carro trainato dai cavalli.

Quando, ragazzo, chiedevo a mia madre com'era morta la nonna Angela, mi diceva ch'era scomparsa a Caporalmaggiore, un paese che nessuno sapeva spiegarmi dove fosse. Incuriosito, un pomeriggio, mentre tenevo compagnia a mia cugina Eleonora durante il pascolo delle mucche nella zona detta "li Busatis", ora via P. Diacono, chiesi a lei della nonna.

Era, questa mia ava, una Sguassero di Zuccola, piccola e minuta, piena di energia e lavoratrice instancabile. Eleonora mi raccontò che la nonna durante la fuga non faceva che lamentarsi per le mucche abbandonate nella stalla, senza acqua, senza fieno e le mammelle già turgide di latte.

Già a Muzzana aveva tentato di scendere dal carro per ritornare a casa. Passato miracolosamente il Tagliamento, dove i carabinieri fermavano i militari fuggitivi e fucilavano quelli che avevano abbandonato le armi, giunsero a Pramaggiore, vicino a Portogruaro, il paese che mia madre chiamava "Caporalmaggiore".

Lì, ormai lontani da casa, i parenti allentarono la sorveglianza sulla nonna, la quale ne approfittò per allontanarsi e ritornare a casa.

La cercarono per giorni nelle vicinanze, invano: la zona era intasata dai profughi e dall'esercito della III^ Armata che cercava di mettere in salvo il maggior numero di cannoni e mezzi di trasporto.

Raggiunti dagli Austriaci in questo paese, i miei parenti non poterono proseguire. Che fine avesse fatto la nonna nessuno lo seppe e ricerche fatte a guerra conclusa non approdarono a risultati. La nonna Angela rimase una vittima, mai indennizzata, della guerra, dispersa come un "Milite ignoto" non per amor di Patria ma per l'attaccamento alle mucche.

Ritornati a casa dalla visita di commiato in via Ronchi, fu tenuto un consiglio di famiglia da "barbe Zanéto", fratello di mio nonno, che oltre la sua famiglia e la nostra, aveva a carico anche quella della figlia Arminia con sette figlie (Renata, Angiolina, Olimpia, Giovanna -che sposerà Angelo Cristofori- Gemma, Bice, Edy) e un solo maschio, Antonio, che una volta adulto emigrerà in America.

Il marito di Arminia, Gilberto Pascolutti, marittimo e proprietario di un motoveliero, era stato militarizzato e, con mio padre, aggregati al Battaglione San Marco, furono mandati a Cortellazzo, alla foce del Piave per fare i segnalatori e dal novembre del '17 si trovarono sotto il tiro degli Eserciti opposti.

Barbe Zanéto era l'unico uomo già abbastanza anziano e dovette provvedere a tutta la tribù: quindici donne e tre maschi dei quali io ero il minore.

Mia madre era incinta e la nascita di un fratellino era prossima; io ero convalescente della famigerata "spagnola" che mi aveva ridotto a uno straccio e per tutti questi motivi sarebbe stato prudente non muoversi.

A decidere la partenza fu l'antica paura del tedesco. Andammo alla stazione senza vestiario di ricambio e poche cibarie.

Mia madre chiuse la porta e mise la chiave sotto un mattone. I beni più importanti, come il corredo e le poche gioie di famiglia, chiusi in un baule, erano stati sepolti a San Gervasio nei giorni precedenti. Salimmo sul treno in una confusione generale, con la speranza di non andare più in là di Latisana, dove, dicevano, sarebbero stati respinti gl'invasori.

A Mestre cominciarono i guai: ci fecero cambiare treno per proseguire verso Firenze. Mia madre, lenta nei movimenti per la gravidanza, scese per ultima tenendomi per mano. Sulla banchina fummo come risucchiati dalla calca dei profughi e militari.

San Giorgio di Nogaro 1917. La strada verso Zellina nei giorni di Caporetto (coll. Desiderio Gigante).

Spintonata, la mamma lasciò per un istante la mia mano, io venni allontanato da lei e mi persi; prese a cercarmi e mi trovò piangente nelle latrine della stazione.
Perso il treno su cui erano saliti parenti e compaesani, fu costretta poco dopo a salire su un convoglio misto di carri merci e viaggiatori.
Fu così che giungemmo a Firenze su un carro bestiame e per tutto il viaggio mi tenne in grembo seduta su un mucchio di catene.
Un soldato ci regalò una cioccolata e fu tutto il nostro cibo per un giorno. La mamma, poveretta, era analfabeta e parlava solo il friulano.
A Firenze trovammo la stessa confusione di Mestre e mia madre andava chiedendo a tutti: "Viso iudùt barbe Zaneto, Toni Rigàt...?". "Ma che parla tedesco costei?" rispondevano i Toscani.
A un certo punto, nella folla che gremiva la banchina sentì parlare in friulano e scoperse la famiglia Zaninello che a San Giorgio abitava nella nostra via.
Ci condussero all'interno della stazione e ci trovammo finalmente riuniti col gruppo di barbe Zaneto, col clan di barbe Toni Rigat (letri) e, la più necessaria di tutti per mia madre, la zia Amalia con le mie sorelle Ines e Silvia.
Ci fermammo a Firenze per un mese. Mia madre, il giorno seguente l'arrivo, colta dai dolori del parto, venne ricoverata in ospedale: nacque un maschio che morì dopo tre giorni a causa di una infezione al seno di mia madre (così mi raccontarono anni dopo).
Di Firenze ho un ricordo nitido: tutto mi incuriosiva e mi restava impresso della città, così diversa dal mio paese di campagna, pur avendo poco più di due anni.
Un giorno la zia Amalia, non essendo riuscita a parlare col Commissario dei profughi in ufficio, si recò a casa sua e vi condusse pure me. Era un bel

pomeriggio di dicembre e in una via larga e soleggiata osservavo artigiani che lavoravano il rame sul marciapiede, davanti alle loro botteghe.

Dal Commissario, in un appartamento signorile, la zia mi lasciò in compagnia di un ragazzetto di cinque o sei anni, mentre parlava in un'altra stanza. Il bambino, per stupirmi, salì su un bel cavallo a dondolo e cominciò a muoverlo, imitando con le briglie fughe sfrenate.

Non avevo mai visto un giocattolo così: mi sembrava un cavallo vero e, in una pausa, tentai di accarezzare il suo muso. Il fanciullo alzò il dito indice e con tono minaccioso esclamò: "Non toccarlo, sai! Ei ti morde". Impaurito ritrassi la mano e non dimenticai più quel "ei ti morde": cominciavo a imparare la lingua di Dante.

A metà dicembre lasciammo Firenze, dove rimase la tribù di Zio Zaneto coi Pascolutti e fummo dirottati in Garfagnana, a Castelnuovo, provincia di Lucca, un centro di circa seimila anime, grosso modo come la nostra San Giorgio.

Qui, nel febbraio del 1522, era stato inviato Ludovico Ariosto, come commissario e governatore di questa zona, allora lembo estremo del Ducato estense, confinante con la Repubblica di Lucca. Il duca Alfonso I d' Este lo aveva incaricato di ristabilire nel paese l'ordine e la disciplina. Vi rimase per tre anni in condizioni disagiate, lontano dalla donna amata, costretto, lui, uomo di lettere e mite di carattere, a usare per necessità un rigore inflessibile, dovendo lottare contro banditi, ribelli e facinorosi, senza disporre di forze adeguate.

Il paese, sorto nel Medioevo, ha ancora la rocca che fu sede del Governatore; possiede cave di marmo e lo circondano boschi di castagno. La guerra del 15-18 era, per questi abitanti, un avvenimento lontano, che li toccava soltanto per il richiamo alle armi degli uomini validi e per l'intrusione improvvisa dei profughi, visti quasi come una banda di zingari stracciosi. (Il sussidio governativo si aggirava in media sulle cinque lire giornaliere per famiglia).

Il torrente Serchio, che nasceva poco lontano a Nord, lo lambiva tranquillo. Durante la II Guerra, dopo il '44, costituiva una specie di cerniera occidentale della famosa Linea gotica di Kesserling e venne quasi completamente distrutto dai bombardamenti degli Alleati.

Delle famiglie acquartierate nelle aule della scuola elementare ricordo quella di Ada Morandini in Pitta con quattro figli; di Amelia Fornezza in Pitta, con tre figli; al piano superiore era la famiglia Pilutti e i miei parenti, letri Antonio (Toni Rigat con la moglie Lucia, sorella di mio padre, con quattro figli (il maggiore, Tullio, era combattente al Fronte); la famiglia Fabris con Ermacora (Marcùt) e Giovanni, reso invalido per ferite riportate in battaglia.

La profuganza mi lasciò pochi ricordi belli: il torrente, dove mia madre andava a fare il bucato, con un'acqua limpida e un letto cosparso di pietre levigate che affioravano e il fondo tutto sassolini bianchi: fu lì che io imparai a nuotare; il mulino che macinava castagne secche e la bella voce di una ragazza che cantava spesso romanze di Puccini.

Il castagnaccio era il nostro pane: mi dava la nausea e non vedevo l'ora che rincasassero da scuola le mie sorelle che mi portavano un pezzo del cornetto distribuito per merenda e serbavano per me.

C'era pure un cinema, ma mi ci portarono una sola volta. La zia Amalia, brava sarta, andava a lavorare di cucito nelle famiglie dei contadini e la sera ritornava con cibarie che miglioravano i magri pasti.

Dopo l'Armistizio del 4 novembre 1918 non ritornammo subito; partì a metà novembre la zia Amalia che ci fece avvertiti di non muoverci, perché la nostra casa era occupata da una famiglia sfollata dal Piave. Mio padre, congedato, ci raggiunse a Castelnuovo, dove fu assunto come operaio nel mulino. Nel gennaio del '19 potemmo finalmente ritornare.

Trovammo la casa completamente vuota, senza mobili, letti e masserizie. Ci vennero distribuite alcune coperte militari, la zia e la mamma provvidero a confezionare materassi ripieni di cartoccio (scus di biave). I miei trovarono intatto il baule sepolto a San Gervasio e la biancheria non ci mancava; mio padre, che aveva ripreso a navigare col motoveliero di suo zio. Giuseppe Fornezza, portò da Trieste letti, armadi e sedie scovati in un magazzino di mobili usati; mia madre raccolse lungo il Corno e nei fossati le tife (pistolis) che una volta spiumate riempirono due morbidi materassi.

La sera un lume a petrolio illuminava la cucina e si andava a letto con la candela.

Piano piano riprendemmo a vivere in forma normale, ma per anni il ricordo della profuganza rimase come un segno indelebile di una guerra spietata che aveva seminato il lutto per milioni di Italiani e distruzioni nelle nostre Regioni orientali.

Le macerie a San Giorgio scomparvero quando vennero pagati i danni di guerra, e per anni noi bambini giocammo tra le rovine delle case distrutte dai bombardamenti aerei.

Nino Zaina

IL PRINCIPE CAPORALE

Il noto scrittore sangiorgino Ferruccio Costantini, amico mio carissimo, da sempre, volle farmi dono di una bella foto che feci pubblicare a corredo di un articolo, sul mensile "Reduce d'Africa".

Ritrae il Comandante della invitta III^ Armata Emanuele Filiberto Duca D'Aosta assieme al figlio primogenito Amedeo, arruolatosi volontario quale semplice soldato diciassettenne nei primi giorni di guerra senza godere -per disposizione paterna- di alcun beneficio o privilegio rispetto ai commilitoni.

Nella fotografia il padre appare sereno, pur nella serietà del volto per quanto su di lui incombe; il figlio, in una positura quasi impacciata, accenna ad un sorriso compiaciuto sul viso ancora da fanciullo.

È il 1916 e San Giorgio di Nogaro è diventato uno dei centri vitali della I guerra mondiale. Nel paese, c'è anche la Duchessa D'Aosta madre, Elena, ospite a Villa Dora, quale ispettrice generale della Croce Rossa.

La mia memoria di ragazzino va con profonda simpatia ed ammirazione ad Amedeo, come lo vedevo allora, non proprio accurato nella sua divisa di soldato d'Artiglieria.

Il ricordo sempre vivo è ben impresso nella mia mente avendo avuto l'avventura d'incontrarlo come Viceré d'Etiopia in zona di operazioni sul Nilo Azzurro. Senza potergli parlare, altre volte l'avevo rivisto: in Tripolitania dove era al comando dei gruppi Sahariani ed io ero aggregato al VII° di stanza a Derg; a Trieste dove comandava il XXIII° Reg. Artiglieria; a Gorizia, divenuto aviatore e Generale.

In Africa orientale ebbi l'onore, come comandante di reparto, di assidermi alla sua frugale mensa nel campo trincerato di Shafartak. Era il 1938 e da qualche mese aveva lasciato l'Italia per andare incontro ad un destino rivelatosi poi funesto.

Fu in quella fortuita circostanza che, avendone avuto il permesso, gli rammentai del tempo che egli trascorse a S. Giorgio di Nogaro quale soldato (poi promosso caporale per merito di guerra) addetto ad una delle quattro batterie da 75 in funzione antiaerea; precisamente quella a pochi passi dalla chiesetta di Villanova, posta alla difesa del ponte di ferro della linea ferroviaria, punto nevralgico di somma importanza per il trasporto di uomini, armi e materiali. La batteria era coadiuvata nella difesa antiaerea da una torre di legno da dove i soldati, col fucile, tentavano di colpire gli aerei nemici.

Le case di Via Lovar, dove abitavo anch'io, distavano dalla zona difensiva solo un centinaio di metri ed era logico che i ragazzini (decenni si e no) si aggirassero tra i soldati offrendosi per piccoli servizi. Amedeo era tra questi e spiccava soprattutto per la sua alta statura che, con il concorso della divisa, non di buon taglio, lo facevano apparire, però, più allampanato di quanto fosse.

I ragazzini, erano sempre assidui a bazzicare con i soldati, ma con maggior insistenza attorno al giovane Amedeo. Egli, allegro e scherzoso, gradiva la loro compagnia.

Ricordo i ragazzi più spesso presenti, magari avendo bigiato la scuola da poco riaperta in locali di fortuna dopo la requisizione di quelle regolari per esigenza militare. Ecco alcuni nomi: Mario Bratta, Chechi Maschietti, Antonio Chiaruttini (Topàn), Olvrado Tiraboschi, Elio Tognan, Antonio Pascolutti, Mario Turcato.

Volli anche ricordargli la sua golosità di fanciullo per le pannocchie di granoturco abbrustolite sui focolari friulani, per ciascuna delle quali soleva prometterci una lira. Quando ci presentavamo al deposito nel Parco dov'erano sistemate le munizioni (presso la ghiacciaia che era il rifugio antiaereo degli abitanti vicini), ci faceva marciare in fila indiana con un proietto sulla spalla ancora piuttosto esile data la nostra età, ma ubbidivamo felici a quello spilungone verso il quale tutti avevano reverenza.

Il giovane caporale non aveva mai denaro con se e quindi di lire non ne vedevamo. Oltre che squattrinato, per dire la verità, a quel tempo non era troppo accurato nel vestire.

Quella sera sulla sponda del Nilo, rammentandosi di quella passione giovanile, rivolto agli astanti disse: "chissà di quante lire sono debitore al Tenente Volpat". Risata generale.

Durante la notte sotto la tenda che stentava a contenere la branda da campo, gli recapitai (ne avevo avuto l'incarico) un telegramma della madre proveniente da Napoli. Lo lesse alla fioca luce di un fanale, mi ringraziò, augurandomi con un sorriso la buonanotte.

Al mattino prima di rientrare ad Addis Abeba, salutò tutti i comandanti di reparto schierati sull'attenti.

Con una cordiale stretta di mano a me per il servizio resogli, aggiunse che recandomi nella Capitale lo andassi a trovare "a casa". Disse proprio questa parola.

Il fato dispose che le cose andassero diversamente.

Io, misero prigioniero di guerra come volle essere egli stesso.

Lo rividi solo effigiato su di un giornale dell'India nei primi giorni del marzo 1942. Era alla testa dei soldati superstiti dell'Amba Alagi e con dolorosa fierezza rispondeva al Saluto d'onore che gli veniva reso dal nemico.

Molti e diversi saranno anche in questo prossimo 54° anniversario della sua gloriosa, serena morte (testimoniata dal suo testamento spirituale) gli scritti agiografici che verranno pubblicati in sua memoria. Per chi l'ha conosciuto di persona tale memoria rimane imperitura visione degli occhi e impressa nel cuore in profondità.

Rodolfo Volpat

Il principe Amedeo di Savoia, volontario di diciassette anni, addetto, nei 1915 alla batteria antiaerea di Villanova di S. Giorgio di Nogaro, promosso caporale per aver abbattuto un velivolo austriaco.

Il duca Amedeo d'Aosta, Viceré d'Etiopia e comandante in capo delle forze armate italiane in Africa Orientale riceve gli onori militari dagli Inglesi -dieci volte superiori- dopo la sconfitta sull'Amba Alagi. Fatto più unico che raro.

EMIGRAZIONE

"Emigrazione" è un vocabolo che abbiamo imparato a conoscere fin da bambini, grazie alle rondini e ai lavoratori che cercavano occupazione all'estero.

Il nostro Friuli ha visto numerosi suoi figli emigrare fin dai secoli passati. I nostri scalpellini hanno lavorato le pietre del palazzo reale di San Pietroburgo e quelle del ponte sulla Drina (vedi Ivo Andric); i nostri braccianti hanno contribuito alla costruzione della ferrovia transiberiana, i nostri agricoltori hanno portato la loro esperienza in California, nell'America del Sud, in Australia, in Canada: e dovunque andavano mantenevano la fiamma del focolare, il nostro idioma, la nostra religione.

Ricordo Arturo Zardini, l'autore e cantore di "Stelutis alpinis", emigrante in Austria come apprendista muratore fino a 18 anni, che scrisse questi versi che esprimono il dolore di chi lascia il Paese natio.

> *"Un dolór dal cùr mi ven.*
> *Dut jo devi bandonà:*
> *Patrie e mame e ogni ben*
> *E pal Mont mi tocje là".*
> *"Un dolore mi viene dal cuore*
> *Tutto devo abbandonare*
> *Patria e mamma e ogni bene*
> *E per il mondo mi tocca andare".*

La mia generazione ricorda ancora la canzone "sulla sponda argentina una folla cammina...". Il tango aveva un passo struggente: "Oh, mamme dal crin d'argento laggiù..."; oppure:

> *"Ciclo sereno, ciclo color del mare,*
> *tu sei lo stesso cielo del mio focolare,*
> *portami almeno in sogno la patria mia*
> *portala a un cuor che muore di nostalgia".*

Risento, con la memoria, le belle voci di Olvrado Tiraboschi e Nesto Taverna quando, al ritorno dalle partite esterne di calcio, cantavano i brevi versi di Prue, musicati da Escher:

> *"Anin, varin furtune,*
> *la primevere nùl (aulisce)*

nus spiete al clàr di lune
il vecjo barcarul.
Il barcarul al reme:
adio biel cil furlan,
nò sbarcjarin insieme
là jù lontan, lontan".
Andiamo, avremo fortuna
la primavera profuma
ci aspetta al chiaro di luna
Il vecchio barcaiolo.
Il barcaiolo rema:
addio bel cielo friulano
sbarcheremo insieme
laggiù lontano, lontano.

Ora che Nesto, emigrato con la moglie e il fratello Adriano, e l'anziano padre, Remo (che rivede i luoghi dov'era vissuto prima del 1915), riposa in un cimitero della sconfinata Patagonia.

Nel 1910, mio padre, da 4 anni a Buenos Aires decise di rimpatriare come marinaio su un bastimento che faceva rotta per Trieste. La comunità sangiorgina lo incaricò di accompagnare a San Giorgio un compaesano a cui aveva dato di volta il cervello. Mio padre, considerando il soggetto abbastanza tranquillo, accettò il compito di assisterlo nel viaggio di ritorno e lo portò con sé sul bastimento, dove poteva confondersi con altri emigranti che rimpatriavano. La stagione era favorevole e mio padre sistemò il paesano in coperta, accanto ad un mucchio di cordami. Il demente si accovacciò su questo mucchio e per cinque giorni si rifiutò di mangiare e di bere. Il sesto giorno mio padre lo convinse a nutrirsi, dopo di che non riusciva più a sfamarlo: voleva mangiare a tutte le ore, anche di notte. Quando il bastimento attraversò la zona equatoriale, infastidito dal caldo, lo squilibrato gettò in mare prima le scarpe e le calze, poi tutto il vestiario che indossava, fino a rimanere nudo come un "*crot*"(rana).

Arrivato a Trieste, per prima cosa scese a terra, si recò nel Ghetto, dietro piazza Unità e con una modesta somma comperò da un rigattiere un paio di scarpe, calzetti, mutandoni, vestito e camicia, tutto di seconda mano; ritornato a bordo, rivestì il suo protetto che, tornato tranquillo, si lasciò docilmente condurre alla stazione e in treno fino a San Giorgio, dove lo consegnò ai parenti. Mio padre mi disse anche il casato a cui apparteneva questo poveretto, ma a distanza di cinquanta anni non lo ricordo proprio.

Già prima della guerra del 1915 era emigrato a Nuova York Azzo Fornezza con la moglie Emma Zaina, cugina di mio padre, raggiunti nel dopoguerra dalla sorella di Emma, Valentina e dal nipote Giorgio Pascolutti, figlio di Gilberto. Questi Fornezza ebbero un figlio, nato e cresciuto in America, che nel 1923 venne con la Madre in vacanza a San Giorgio: si chiamava Pietro (Pirin).

Pirin non conosceva l'italiano, si esprimeva in friulano e abitava dalla nonna. Siccome sua nonna era mia zia Santina, che abitava adiacente alla mia abitazione, imparai da lui nomi e giochi da noi sconosciuti come "baseball, basket... Brooklin, Cooneysland" con le meraviglie del suo parco divertimenti e mi insegnò l'uso dei pattini a rotelle, sui quali si esibiva sulle nostre strade bianche come un virtuoso. Alcuni anni dopo Pirin moriva e i genitori, nel 1930, rimpatriarono portando un sofisticato apparecchio radio, il terzo a San Giorgio dopo quello del Parroco e dell'albergo Vittoria.

A Nuova York erano pure emigrati il padre di Maran Tristano e il Padre di Maran Luciano, quel Luigi che condivise coi Fornezza e mio padre il disastro di Sebenico, dove affondò il "Solletico" nel febbraio del 1923.

Entrambi questi emigranti scomparvero in America senza lasciar traccia per le famiglie.

Tra il 1920 e il 1940 diminuì il flusso emigratorio nelle due Americhe. I fratelli Riccardo e Guido Taverna (Spaleto) trovarono lavoro a Bucarest, in Romania dove, durante la "Campagna di Russia", andò a far loro visita Amelio Chiaruttini, autista richiamato nel Corpo dell'"A.R.M.I.R.".

In Argentina, emigrarono Mario Scolz (Mario Pape), Maran Antonio, Orazio Pavon, un Salvador (Cuzute), Adriano Polentarutti, Nella Cargnelutti col Marito Nali di Porto Nogaro. A Nuova York emigrarono Annibale Chiaruttini, dov'era già il padre (Toni Marine) e Livio Chiaruttini (il fi dal Griso che gestiva l'osteria, ora negozio di Ezio Fabris). I fratelli Angelo e Guido Zuliani emigrarono nel Congo Belga. In Francia, di quanti ho conosciuto e ricordo, emigrarono Emma Regattin (mia cugina) col marito Gino Baradei; un Cecotti con la moglie Taverna di Villanova; un Tognan, cognato del prof. Ferruccio Costantini; Pavon Alcide, sposato con una Dean di Chiarisacco; Mario Bortoluzzi (Mario Musiche). Alcuni di quanti ho nominato emigrarono per cause politiche per evitare pestaggi e purghe all'olio di ricino.

Negli anni '30, con la conquista dell'Etiopia, si verificò un'altra emigrazione su quel lontano altipiano, dove rimasero per lavoro anche alcuni che avevano partecipato come combattenti alla conquista dell'"Impero": Leo Feruglio, Bruno Natali, Albano Pez, Bruno Morandini, Michele Del Mestre e Lelio Bosco. Ferruccio Taverna (Purpidan), Antonio Chiaruttini, Sisto Venturini e Attilio Chiaruttini si trasferirono coi loro autotreni in Abissinia come impresari di trasporti; poi Guglielmo Morandini e i fratelli Gaio di Carlino e Italo Maran autiere: la memoria, strumento imperfetto, non mi aiuta a ricordare altri, e chiedo venia.

Dopo il 1945 e precisamente nel '48 si verificò l'ultima ondata migratoria: Marcello Monte e Decio Buzzolo con le loro famiglie emigrarono con poca fortuna in Argentina, dove pure si trasferì col marito Elodia Ietri, zia del dott. Ietri, dove si trovano tuttora; molti cercarono fortuna, col lavoro in America del Sud (Mino Taverna), Venezuela e nel freddo Canada (il fratello di Mino), in Svizzera, Francia, Germania; altri seguirono le sorti della "Snia Viscosa" che con manodopera e tecnici in gran parte Sangiorgini costruì stabilimenti di cellulosa in

Messico, Sud Africa e Pakistan.

Buenos Aires. L'emigrante Del Frate Girolamo appena sbarcato dal transatlantico "Conte Grande" assieme ai parenti residenti in Argentina.

In Brasile possono considerarsi di casa i coniugi Nives Regattin e Sergio Pesarin dove nacquero i loro figli; in Venezuela nacque pure Nelly Bonini, il cui padre, rimpatriato, acquistò tutti i terreni che formano la via Bonini e vi eresse la sua abitazione; in questo paese vive ancora Archimede Morandini con la moglie (una Salerno), e il cognato di M. Volponi.

Degli emigrati in Brasile ricorderò qui una donna che colpì la mia fantasia infantile: si chiamava Luigia Taverna (Gige Buldrine), cugina di mia zia Santina. Nel 1925, venuta dal Brasile, Gige fece visita a mia zia: era estate, faceva un caldo torrido di cui mi lamentai, al che Gige sospirando esclamò: "Magari in Brasil al fos cussì!", e mi spiegò che un caldo simile in provincia di San Paulo sarebbe stato considerato una frescura. Lavorava al taglio della canna da zucchero, con temperature oltre i 40 gradi.

Degli emigrati in Australia, ricordo Ferruccio Iacuzzo e in particolare il mio coetaneo Aldo Scarpin, deceduto anni or sono dopo una lunga malattia incurabile, coraggiosamente sopportata.

Nel 1941, causa una lesione contratta in Bosnia, che mi lasciò menomato all'udito, venni ricoverato per un mese nell'ospedale militare di Trieste, dove i vari reparti erano stracolmi di degenti per cause belliche e molti pazienti erano sistemati sul pavimento per mancanza di letti. Aldo, sergente di sanità, allora in servizio in questo ospedale, trovò il modo di sistemarmi su una rete e grazie a lui la mia degenza fu meno penosa: non scordai più le sue attenzioni nei miei riguardi.

Scarpin era come me, piccolo di statura, ma dal cervello fine e dal cuore grande e generoso e quando, nel dopoguerra, venne creata la Cooperativa edilizia con sede in via Giovanni da Udine, che ora ospita l'Impresa A. Sguassero e figli, egli ne fu uno dei principali dirigenti. Nel 1955 prese la decisione di emigrare in Australia e prima di partire insieme a Ferruccio Iacuzzo, mi pregò di insegnare loro un breve formulario lessicale in lingua inglese, quanto sarebbe stato necessario per districarsi all'arrivo in quel lontano paese, poco più di dieci lezioni di fonetica, grammatica e frasi.

Quello che fu Aldo Scarpin per i suoi corregionali e compaesani ad Adelaide lo descrive in breve l'allegata fotocopia dell'articolo pubblicato due mesi dopo il suo decesso sul giornale degli emigranti "Friuli nel Mondo", alla quale aggiungo il facsimile della Pergamena rilasciata dal "Fogolàr Furlan " di Adelaide al suo fondatore e primo segretario.

ALDO SCARPIN - Se ne è andato con dignità e con lucida coscienza, lasciando di sé un esempio raro di virtù umane e di dedizione sociale: Aldo Scarpin è morto il 3 dicembre 1987, dopo aver per ben tredici anni cosciente di un male che sapeva di non poter vincere.

Nato a San Giorgio di Nogaro il 16.09.1916, aveva lavorato egregiamente presso la Cooperativa del suo paese: era geometra e il suo impegno gli aveva meritato stima e rispetto. Nel 1955 si decise per l'Australia, dove si stabilì con tutta la famiglia. Non conosceva l'inglese e si adattò a tutti i lavori. L'unica cosa che rimase intatta nella sua anima e nel suo tempo fu l'identità friulana e fu tra i fondatori del Fogolàr furlan di Adelaide.

Dopo avere imparato bene l'inglese, si fece generoso insegnante d'italiano per i figli di emigranti italiani. Seppe farsi e conservare amicizie importanti nella vita pubblica, sia civile che politica. Rientrato in Italia nel 1974, già sapendo del male che lo stava accompagnando, seppe lottare e vivere con fortezza d'animo e serenità: tornò per ben due volte in Australia, per sistemare tutte le sue cose, per rivedere gli amici e per un insegnamento di letteratura italiana presso l'università di Flinders.

I suoi cari lo ricordano come "uomo onesto, marito affettuoso e padre perfetto". Ai parenti e agli amici va tutta la nostra solidarietà.

Fotocopia dell'articolo apparso nel febbraio 1988 sul giornale degli emigranti "Friuli nel Mondo ".

Al ricordo di Aldo unisco quello di tutti i nostri emigranti che dovunque andarono accesero la "fiamma del focolare", conservando viva la nostra lingua, le nostre usanze e la nostra Fede.

Alla vedova di Aldo, Silvana Polentarutti, il mio grazie per avermi fornito il materiale che lei custodisce religiosamente nel ricordo del marito col quale divise fatiche, gioie e dolori.

Italo Zaina

COME GIOCAVAMO

In Homo ludens -1938- Huizinga intuì che il gioco è l'elemento creatore della cultura. Nella specie umana, infatti, l'attività ludica non solo si prolunga per un periodo più lungo che in ogni altra specie, ma continua durante o in gran parte della sua esistenza. "In un certo senso artisti, scienziati, inventori sono adulti cui è permesso di continuare a giocare" (Valerio Valeri-Einaudi).

Quando lo spettatore assiste a un gioco, vi entra con l'immaginazione, ne diventa partecipe e battagliero quanto il giocatore; si crea l'illusione di giocare e il termine deriva dal latino "in lusio" che significa "entrare nel gioco" e quando la tensione raggiunge il culmine, si scarica nell'applauso o nell'invettiva: spettatori e giocatori sono "in lusio", appunto nel gioco.

In alcune lingue il verbo "giocare" significa anche suonare, cantare, recitare (il tedesco "spielen" e l'inglese "to play").

Don Bosco considerava il gioco un elemento fondamentale nell'educazione dei giovani. Proibire il gioco ad un bambino è una punizione severa e toglierlo per sempre una mutilazione. Durante la recente rivolta in Romania comparve un cartello con una scritta tremenda: "Ci hai rubato l'infanzia".

L'infanzia! il paradiso nella vita di un uomo. Quando ci scriviamo, Luciano Maran ed io, non manchiamo mai di ricordare a certe date, episodi che l'hanno accompagnata. Ma come ci si divertiva allora? -parlo di sessantacinque anni fa- Quali erano i nostri balocchi, i trastulli, gli spazi di gioco, le piscine, le palestre, gli attrezzi? Quali le occasioni di svago, di divertimento? Infinite e per descrivere tutto questo non basterebbe un libro.

Per la benevole tolleranza delle guardie campestri, del vigile, e per il traffico minimo dei veicoli eravamo padroni dell'ambiente: strade, piazze, fiumi, campi, boschi, il giardino Vucetich, il campo sportivo, allora aperto, il vicino macello, la chiesa con l'organo a mantice e il vetusto campanile, il gioiello d'acustica qua! era il cinema Maran e poi l'oratorio "Umberto I", le pescaie dei mulini, la romantica "Semide", il carro che inaffiava le strade polverose e che noi seguivamo per rinfrescarci i piedi scalzi, "le Busate" (laghetti formatisi dallo scoppio delle munizioni della III Armata nella ritirata del '17 e bonificati dopo quest'ultima guerra), le Svuizze, i laghetti pluviali della Foredana, la ferrovia, il porto coi velieri e la gru di Nazario Sauro e perfino la laguna, raggiunta d'estate a piedi in località Spingiòn, con l'isola di S.Pietro.

D'inverno le nostre Timberland erano zoccoli armati di borchie (brucis) e si trasformavano in pattini per scivolare.

D'estate andavamo scalzi. I giochi erano, più o meno quelli che si praticano ovunque. Quando il Manzoni scrive di Agnese (Promessi Sposi - cap. VII) che raccontava al ragazzo Menico di un indugiare sul lago a giocare a rimbalzello, ci ricorda un gioco che praticavamo pur noi: far strisciare un sasso piatto (slèvare) sul pelo dell'acqua e la vittoria arride a colui che raggiunge con più balzi il punto più lontano. Leggendo "Misteri", romanzo minore del Nobel Knut Hamsum, scopro che anche nell'estremo nord della Norvegia si giocava alle belle statuine, come usavano le nostre coetanee. Pure nel gioco siamo figli di una stessa cultura. Alcuni nostri giochi avevano origini antichissime come la morra, i dadi, la dama e la tria; negli scavi di Pompei sono state trovate trottole come le nostre.

I giochi erano creativi: balocchi e attrezzi venivano per lo più costruiti da noi e i grandi ci davano una mano. Per giocare a "casetta" si modellavano utensili in creta e legno, cucine di latta. Le bambine si facevano le bambole col cartoccio (scùs di biave) o con stracci e confezionavano con i ritagli vestitini e cuffie; i maschi costruivano palloni di pezza, ideavano burattini, barchette a vela o con l'elica mossa da un elastico attorcigliato, aeroplani, aquiloni, fionde, zufoli (silòz), trottole, cerchi in legno, (quando mancava quello di bicicletta), girandole, altalene, archi e balestre, cerbottane per lanciare bacche nere o palline di carta, giavellotti di canna Gentile. Due bussolotti uniti da uno spago diventavano un telefono. Per la settimana di Passione si costruivano nacchere, battacchi, rumorose raganelle (sgrazulis); per i Santi e i Defunti la terribile "crèpe" con dentro una candela accesa, (era un teschio ricavato da una zucca e portato in giro su un bastone all'imbrunire); per l'inverno slittini da usare sui laghetti gelati. I più ingegnosi si costruivano il "ciarùz", un carrettino con rotelle ricavate dai fondi delle granate, trappole per catturare talpe e uccelletti. Alcuni erano dei veri Edison, come i fratelli Cargnelutti che avevano costruito un aereo con motore e lo facevano volare, legato ad un filo, attorno ad un palo, o un Ferrara in Vicolo Gemelli e un Colautti a Nogaro che avevano modellato una locomotiva in miniatura e funzionava a vapore; nella mia via i fratelli Tullis (i Lovars) avevano allestito un impianto per la filatura dei bozzoli, il tutto mosso da una ruota ad acqua. Eravamo anche inconsciamente crudeli se penso ai poveri maggiolini che facevamo volare con un filo legato ad una zampina; alcuni li infilzavano ai raggi di una leggera ruota che il disperato batter delle ali faceva girare. Nelle sere estive si cacciavano le lucciole, che messe in un bicchiere, lo trasformavano in lampada. Ogni bambino aveva nelle tasche un temperino, semi di carruba, palline e cocci colorati (péis), figurine ritagliate da scatole di cerini, un fischietto da richiamo, pezzi di spago, zolfanelli e la fionda.

Chi possedeva "le britule" (grosso temperino a serramanico usato dai potatori) era invidiato. Un gioco scomparso consisteva nel modellare l'argilla in forma di ciotola e scagliarla a terra rovesciata: l'aria compressa squarciava il fondo, producendo un tuono; un altro, che poteva essere pericoloso, veniva eseguito così: scavata una buca in terra, la si riempiva d1 acqua, si gettavano dentro alcune zolle di carburo, che compravamo da Eugenio Pitton, e si copriva il tutto con un barattolo di latta che veniva stagnato con terra umida. Il lavoro richiedeva rapidità, perché la reazione che produceva il gas cominciava subito e in pochi secondi quest' ultimo, compresso nel breve spazio, esplodeva e il barattolo partiva come un proiettile: l'indugio poteva causare conseguenze spiacevoli per chi era vicino.

Più gentile era il gioco a "mondo novo" e una giuria giudicava il lavoro migliore: in una buca venivano disposti cocci e frammenti di vetro colorati, bottoni lucidi e di madreperla, coriandoli di carta argentata e dorata, petali di fiori, rametti verdi e perline; l'insieme veniva ricoperto da un vetro e per i più piccoli era una occasione di meraviglia. Quando andavamo a cartucce, separavamo il bossolo d'ottone dalla pallottola di piombo, badando a non colpire il detonatore nel fondo (costituito da fulminato di mercurio e bastavano 45° per metterlo in azione. I fratelli Zamparo, figli di un ferroviere, furono uccisi da una granata che tentavano di scaricare).

Stendevamo poi a terra la balistite, disegnando una parola o una figura e ci divertivamo ad osservare la breve fiammata che si sprigionava dando fuoco ad un capo della polvere. I bossoli in ottone delle granate venivano lavorati da abili artigiani e trasformati in vasi per fiori e quasi tutte le famiglie ne avevano.

D'estate la nostra piscina era situata nelle Svuizze: la roggia dei mulini e il Corgnolizza scorrevano paralleli, distanti 60 metri circa; al centro un canale di sfogo formava ad un certo punto un laghetto dal fondo arenoso che noi chiamavamo "il sicut"; i più inesperti lo frequentavano per imparare il nuoto.

Per i tuffi ci servivamo del ponte di ferro della ferrovia e a Nogaro, sul porto, della gru di Nazario Sauro e perfino della coffa che regge il sartiame negli alberi dei velieri.

In autunno dilagava il gioco delle palline e della trottola: l'abilità consisteva nel mantenerla a lungo in rotazione con sapienti frustate. Ma i giochi principali erano la cavalletta, la carabara, il rincorrersi, il nascondino, la bandiera, lo schiaffetto, a guardie e ladri e per descriverli occorrerebbe un trattato ad hoc. Il cinema della domenica attendeva la nostra fantasia e durante la settimana, in bande chiassose, cercavamo di imitare gli eroi di celluloide: Maciste, Tom Mix, Za la morte, Polidor, Ridolini e Barile furono per noi personaggi indimenticabili, mentre le ragazze sognavano Rodolfo Valentino o Douglas Fairbancks e prendevano a modello Lyda Sorelli, Francesca Berlini o Mary Pickford. "La belva della sierra", "I due sergenti", "Il fabbro del convento" ecc. chi li ha più dimenticati?

I films sulle crociate facevano scendere in campo eserciti con scudi e corazze di latta, elmi di cartone, spade, lance, archi, frecce di legno, vessilli di carta colorata. Gli scontri erano furibondi e terminavano con bottoni strappati, vestiti lacerati e infangati, graffi e lividi sul corpo e qualche ferita. Come ricompensa a casa ci rifilavano "un bon brodet" e a letto senza cena.

Le bambine erano abili nel gioco del campo, coi cinque sassolini, a battere la palla contro il muro, cantando la filastrocca "Anna, Susanna, con un pie", ecc.; oppure allacciate per mano, quattro contro quattro, si sfidavano con il canto "Il mio castello è bello...", una giocosa metafora sulle frequenti guerriciole fra i signorotti dei vari castelli nel tempo che fu. Abilissime erano nel salto della corda, sia in gruppo che singolarmente.

Negli anni quaranta ho visto scomparire anche il gioco sui trampoli (crozulis), due lunghi e robusti bastoni che a 30 o 40 centimetri dal suolo avevano una tacca posa-piede.

Nella nostra contrada di via Lovar, oltre a gare di corsa sui trampoli, praticavamo anche un rudimentale calcio, un po' simile al "polo a cavallo".

Quale l'origine del gioco? In passato i nostri luoghi erano infestati da acquitrini, paradiso dei cacciatori e inferno dei poveri affetti da malaria e la palude spesso inghiottiva le strade: per raggiungere gli abitati la gente si spostava sui trampoli. Bello, ma pericoloso, era il gioco del "piciul", una specie di "baseball" con due attrezzi: una mazza ed il "piciul" simile ad una grossa matita a due punte, che un giocatore, dentro una base circolare, scagliava il più lontano possibile con un colpo di mazza; gli elementi della squadra esterna, disposti in più punti, cercavano di afferrarlo, possibilmente al volo, e lo rilanciavano nella base: se riuscivano ne prendevano il possesso, altrimenti il giocatore aveva diritto a tre colpi per allontanarlo, dopo di che misurava col bastone la distanza dal cerchio e il numero dei bastoni costituiva il punteggio. Per impedire che l'oggetto a due punte andasse lontano, la squadra esterna formava una barriera a tre passi dal "piciul" e si correva il pericolo di venir colpiti in viso, caso molto raro e che rafforzava la nostra fede nell' Angelo Custode.

Anche "le code buie" era rischioso: allacciati per mano, in venti e più, veniva formata una lunga fila con in testa i più robusti; questi iniziavano il movimento accelerando e procedendo a zig-zag sì da dare alla fila la forma di un serpente e gli ultimi subivano il colpo di frusta e, se perdevano la presa, volavano.

Molto rischioso anche il lancio dei dischi di latta (coperchi e fondi di recipienti) che per avere l'orlo dentellato, potevano ferire se colpivano qualcuno. Uno di questi dischi ferì ad un occhio una bella e arguta ragazza, ora felice bisnonna e a tanti cara per il suo spirito allegro e a me per tanti ricordi: il disco l'aveva lanciato il fratello e probabilmente gli Angeli Custodi erano assenti perché chiamati a rapporto.

Ma il gioco principe, quello che più ci impegnava nel tempo libero, era il calcio. I giocatori della S.S.S. erano i nostri idoli e per la coppa d'inverno del 1925 ci recammo a piedi a Cervignano per sostenerli; e una domenica che l'Itala di Gradisca aveva sciaguratamente battuto i nostri, quasi linciavamo un avversario, un diavolo dal pelo rosso che aveva segnato ben tre reti e a fine partita, rivolto a noi che lo circondavamo minacciosi, esclamò: "O vin piardùda la guéra, ma o vin vinta la partida"(1)

La mia generazione ha sempre ricordato Archesso, Cinti, Vivani, Romano letri, Lorenzo letri, Adriano ed Emilie Polentarutti, Renato Morandini, Adone Dall'Olio, Salvador (Cuzute), Elio Moro, O. Tiraboschi, Berto Bratta, Min Venturini e il maestro Garelli che li guidava. La nostra contrada era sempre invasa dal gioco ed il pallone era quasi sempre una calza riempita di stracci. Nel 1925 decidemmo di formare una vera squadra di calcio anche con elementi dei dintorni. Per l'acquisto del pallone, ago, pompa, scarpe e maglie andammo per mesi a raccogliere lungo la ferrovia il carbone coke caduto dalla griglia delle locomotive e che vendevamo ai fabbri.

Ammassammo ossa, stracci, ferraglia, residuati di guerra da vendere ai "pezotàrs". Ingenuamente consegnammo la somma ad un presidente che di mese in mese dilazionava la consegna del materiale, incolpando del ritardo Eugenio Appolonia, che allora aveva un negozietto di articoli sportivi dietro la chiesa.

Venne l'autunno, tempo di dottrina, scuola, palline, trottole e castagne matte. Il nostro progetto andò in fumo e ci sfogammo nell'oratorio "Umberto I", con un vero pallone fornito dai cappellani don Luigi e don Giulio: i vari Levratto facevano rimbombare con potenti tiri il cancello di ferro, orlato in alto da una fila di lampadine colorate, mettendo in apprensione il buon Comisso, custode.

Al di là, Giovanna di Marano vendeva il suo pesce, col banco accostato al tabacchino del signor Daniele Ortolani e accanto la simpatica Muzzanese che arrostiva le castagne. In alto ruggiva il Leone della Ferrochina Bisleri e più sotto sorrideva l'omino del lucido Brill. Come è stata bella la nostra infanzia!

Nino Zaina

Nota (1): La gente umile delle terre redente dalla guerra del 1915-18 aveva conservato l'attaccamento all'Austria e all'Imperatore Francesco Giuseppe (Checco-Beppe) e la guerra per noi vittoriosa, per loro era stata persa: la rivalsa si effettuava nelle partite di calcio che, specialmente con la Pro Cervignano, terminavano con risse furibonde.

1915 E DINTORNI (OSPITI ILLUSTRI)

Il legame sentimentale col passato prepara e aiuta l'intelligenza storica, condizione di ogni avanzamento civile": sono parole di Benedetto Croce che considera la storia non come scienza, ma come sentimento che ripristina ciò che il terremoto della vita manda in polvere.

Pensiamo con la mente al futuro, ma il cuore ci richiama ai tempi andati e rievochiamo con nostalgia momenti felici o dolorosi. Io nacqui nel 1915 e quindi non in grado di testimoniare le vicende di quel tremendo periodo, durante il quale fui pure vittima di un bombardamento e della "spagnola" che tante morti si lasciò dietro.

Tuttavia, curioso di fatti accaduti fuori della mia memoria, li ricostruivo grazie ai racconti ascoltati in famiglia dalla zia, donna molto intelligente. Questa sorella di mio padre, nata nel 1872, era vissuta giovinetta presso i conti Frangipane che allora abitavano il palazzo di Castello di Porpetto, attualmente in pietoso degrado, ma a quei tempi tutto lussuosamente arredato nelle sue sessanta e più stanze.

Come bambinaia ebbe cura dei conti Stefano e Doimo; fu compagna di giochi della contessa Teresa, andata sposa al cav. Vucetich Michele, funzionario dell'Imperial Regio Governo di Vienna, ma con dimora a San Giorgio di Nogaro. Quando la famiglia Frangipane, per la stagione dell'opera, si trasferiva a Trieste, portavano anche la zia. Chi ha letto "Il Gattopardo", ricorderà il viaggio in carrozza della famiglia Salinas (cap. II) alla villa "Donna Fugata": in modo analogo si svolgeva il viaggio a Trieste.

Partivano da Castello nel pomeriggio su tre carrozze, facevano sosta notturna presso i conti Strassoldo e la mattina dopo ripartivano, giungendo al tramonto nella città giuliana, dove i Conti possedevano palazzo e stalle e all'opera, al teatro Verdi, portavano anche la zia. Questo periodo felice s'interruppe con la rovina finanziaria, giunta improvvisa come uno scisma, complice il gioco a Montecarlo. Forse la consuetudine con gente aristocratica aveva impresso a questa zia un comportamento signorile che mi metteva un poco in soggezione. Abile nei lavori di ricamo e cucito, sarta provetta, la zia Amalia ebbe a istruire generazioni di sartine e vestito dame illustri, tra le quali la duchessa di Gallese, moglie di D'Annunzio e la contessa Percoto.

Nel repertorio dei suoi racconti, amava ripetermi con ricchezza di particolari: le fosche vicende di Massimiliano D'Asburgo, che lasciata la felice dimora di Miramare, andò incontro alla fucilazione in Messico, mentre in Europa la moglie Carlotta impazziva di dolore e la tragedia del castello di Mayerling, con l'alone romantico del principe Rodolfo e della baronessa Vecsera. Devo ringraziare questa zia se ora posso scrivere su fatti e vicende della mia prima infanzia.

La nostra povera casa era la prima a destra di via Lovar (ora ci abita mia sorella). La sartoria aveva, ed ha ancora, una finestra che si apre sulla strada, allora bianca e inghiaiata come tutte. Sulla sinistra, la via era orlata da una siepe viva e rigogliosa, lambita da un rigagnolo alimentato da una fontana che ancor oggi possiamo vedere muta, come dice una vecchia canzone, allora generosa di un'acqua limpida e fresca.

In questo ruscelletto confluiva l'acqua piovana del nostro tetto, che col tempo aveva scavato attraverso la strada un avvallamento che dava non poco fastidio alle ruote dei veicoli e delle biciclette. Come sappiamo dalla penna forbita del nostro scrittore, il prof. Ferruccio Costantini, San Giorgio fu la sede di un ospedale militare da campo e della Croce Rossa che aveva il suo fulcro a "Villa Dora", retto e animato dalla consorte del duca Emanuele Filiberto, Amedeo che a diciassette anni era caporale d'artiglieria con un compito delicato: la difesa del ponte della ferrovia sul fiume Corno dagli attacchi degli aerei, che dalla base di Pola venivano a disturbare le nostre retrovie e infersero tante ferite alla nostra cittadina; vicino al ponte era stata collocata una contraerea.

Col giovane duca operava il vecchio Michelan Francesco, caporalmaggiore richiamato. Il giovane artigliere si spostava da "Villa Dora" alla postazione con una bicicletta di bersagliere e il suo passaggio, scandito ad ore fisse, costituiva per le sartine di mia zia uno spettacolo che le faceva sognare e invidiare le giovani figlie dell'ammiraglio Canciani, Bianca e Maria, che il Duca lo avevano ospite.

Quando dal campanile veniva dato l'allarme "Aereo in vista da Porto Buso!", il paese era tutto in subbuglio: i militari per le difese, poiché qui v'erano anche i depositi di munizioni della III^ Armata, i civili per cercare un riparo e mettersi al sicuro.

Accade che, dopo uno di questi allarmi, le sartine, già in strada per rifugiarsi nella ghiacciaia della Contessa, in fondo alla contrada, videro avanzare il Duca che, pedalando con forza, lanciava il grido "Avanti, Savoia!".

Ma giunto davanti alla finestra, sotto la quale le ragazze si erano schierate per lasciarlo passare, la ruota anteriore della sua bici militare si incastrò nel fossatello sopra descritto e l'aristocratico giovinetto capitombolò e conobbe, forse per la prima volta, il sapore della polvere, sbucciandosi viso e mani.

Si può immaginare le ragazze, paralizzate fra stupore e sgomento e che solo il sangue freddo di mia zia fece mettere in moto per prestare soccorso al nobile contuso. Dopo questa disavventura, il fiero caporale, quando passava davanti alla finestra, non mancava di ricambiare l'allegro e birichino saluto delle giovani apprendiste.

Come tante altre famiglie di San Giorgio, anche la mia aveva dato in affitto una cameretta ad un giovane ufficiale medico.

Costui si chiamava Piperno, era toscano di Firenze. Di lui non ricordo l'immagine bensì due momenti della mia prima infanzia: una volta mi issò sulla sella di un cavallo, dove mi afferrai ai finimenti, terrorizzato di essere così in alto; un'altra volta mi regalò un'arancia, frutto che non avevo mai assaggiato.

Questo Piperno ci scrisse alcune volte dopo la guerra e poi non ne sapemmo più nulla. Mia zia, quando me ne parlava, lo descriveva intelligente, pronto di parola, come tutti i Toscani e proclive agli scherzi.

Uno lo giocò alla prozia Santina, sanguigna, impulsiva, ma dal cuore d'oro: mi chiamava "colombe", appellativo che contrastava col suo vocione. Tanto lei era grossa, quanto minuto era suo marito, lo zio Zaneto, fratello di mio nonno.

Il suo orgoglio erano le galline ovaiole che, coi tempi che correvano, allevava con la massima cura. Quando, nell'ottobre del 1915 i militari organizzarono una festa per il compleanno del giovane Duca artigliere, il caporalmaggiore Michelan allestì anche la cuccagna, che, con l'intervento della banda musicale, rappresentava il "clou" della festa.

Il palo venne fissato sulla "Mutare", vicino alla contraerea, una piccola altura a forma di cupola, poco lontano dal ponte e dal fiume, sul terreno della Contessa.

Fra i doni appesi alla ghirlanda v'era un maialino di latte che squittiva come un topo e quattro grasse galline che se ne stavano mute e raccolte sopra un asse dondolante al vento. Proprio quella mattina zia Santina aveva scoperto il furto di quatto sue galline, un fatto allora non infrequente e che, a torto o a ragione, veniva sempre attribuito a un certo Sgrazzon di Chiarisacco, non sapeva darsi pace, tanto che mia madre, per consolarla, le promise due delle sue galline.

Nel pomeriggio anche zia Santina volle partecipare alla festa coi familiari, nonostante il dispiacere per il furto subìto e il cruccio che la tormentava per aver il figlio Antonio al fronte, sul Carso.

Giunta sul posto, anche lei, come tutti, rivolse lo sguardo alla cuccagna; allorché vide e riconobbe i suoi quattro pennuti, cominciò a urlare, a sbraitare come un'ossessa, tanto che dovettero allontanarla con la forza, perché la festa per il genetliaco non venisse guastata. Piperno, che aveva architettato il guaio, la riportò alla calma, assicurando che le galline sarebbero state restituite e siccome faceva gli occhi dolci ad una sua bella nipote, si fece garante della restituzione. Michelan stesso che le aveva appese alla ghirlanda, dopo la vittoria conseguita da due giovani, riportò le quattro ovaiole nel pollaio di zia Santina. L'Ufficiale che corteggiava sua nipote, dovette sorbirsi quella sera una bella sfuriata dalla giovane

Poco tempo dopo, la famiglia di zio Zaneto ricevette la comunicazione ufficiale che il figlio Antonio era caduto in combattimento sul Carso e ora riposa con i centomila della IIIª Armata nel monumentale cimitero di Redipuglia.

Il duca Amedeo, prima di essere nominato, il 28 dicembre 1937, Viceré d' Etiopia al posto del Maresciallo Graziani, abitava nel castello di Miramare, già dimora di Massimiliano d'Asburgo, miseramente ucciso in Messico per aver dato ascolto alle ambizioni della moglie Carlotta che lo voleva imperatore di quel turbolento Paese, allora in rivolta.

Dal promontorio incantevole di Miramare il duca Amedeo, di tanto in tanto ed in incognito, raggiungeva San Giorgio, ospite per qualche ora della figlia dell'Ammiraglio, Maria Canciani, a "Villa Dora", dove forse, nel lontano 1915, aveva avuto inizio la sua educazione sentimentale.

Gli apriva il cancello e lo riaccompagnava, quando ripartiva, ricevendo una lauta mancia, Vittorio Roppa, a servizio della signorina negli anni trenta e chiunque può interpellarlo per averne conferma.

Il duca Amedeo, prigioniero degli Inglesi che gli avevano reso gli onori delle armi dopo la strenua resistenza sull'Amba Alagi, moriva in Kenia a Nairobi il 3 marzo 1942; Maria Canciani decedeva, per incidente, il 31 dicembre dello stesso anno, a Palermo.

Carducci, nell'ode barbara intitolata "Miramar", immagina che gli dei degli Aztechi attendano impazienti Massimiliano d'Asburgo, lontano nipote di Carlo V (l'imperatore che mandò Cortez a conquistare il Messico) per offrirlo vittima agli antichi eroi della patria, Montezuma e Guatimozimo, ultimi imperatori del Messico azteco, torturati col fuoco e mandati a morte dal conquistatore.

Il duca d'Aosta (a destra) fu costretto a capitolare con 7.000 uomini sull'Amba Alagi . Morirà prigioniero degli inglesi a Nairobi (Kenia) il 2 marzo 1942.

Quasi identico destino colpiva il duca Amedeo d'Aosta, partito pure lui, come il principe austriaco, da Miramare verso quell' Africa nera ch'egli aveva esplorato da giovane con lo zio Luigi, duca degli Abruzzi: vittima di quali colpe? Dell'insensata ambizione del potere? O dell'obbedienza militare alla quale era stato educato fin da quando, giovinetto, prestava servizio nella nostra San Giorgio?

Nino Zaina

IL PONTE SU L'ARA

Novella

Settembre faceva il galante con l'Estate. Sul tramontar del Sole, là oltre Zellina, dietro gli alti platani dalle estese braccia. Anche dietro il biancore dell'arcuato palazzo municipale si divertiva a fare festa alla stagione che in punta di piedi stava per andarsene. Anch'esso l'avrebbe seguita. Più i colori gli si esaurivano e più ne inventava. Per la sua bella amante. Non conosceva altri modi per dirle il suo amore. Non s'accorgeva che nella sua opera trasparivano punte di rammarico, di malinconia. Erano larghi quadri che egli dipingeva sullo sbiadito azzurro dell'orizzonte con pennellate d'arancione, di blu, di giallo, d'ametista, di violetto. E s'indispettiva, settembre, perché quasi d'un subito le pennellate si sfumavano una sull'altra, sparivano per riapparire smorte, o più vivide tra improvvise zaffate sulfuree. Ecco che quei colori, pur nella loro breve apparizione, erano gli stessi di certi quadri oleografici che artigiani e contadini compravano al mercato di Palmanova per dare un po' di vivezza al tinello quasi sempre chiuso... Bè, sì, un po' di luce e d'aria la riceveva quando veniva il parroco Monai per la benedizione di Pasqua, quando... Chi li vedeva pensava esser quei colori, quei blu: blu; quei rossi: rossi; quei gialli: gialli. Impossibili, innaturali. Invece Settembre, grande dipintore, li distendeva a San Giorgio nogarese, sull'orizzonte di Zellina tali e quali i quadri di Palmanova. E i maestosi platani si godevano il quadro di luci. Passeri e storni tra le fronde e nei tetti delle vicine case facevano coro al lento mutarsi delle tinte.

Artigiani usciti dalle loro botteghe, impiegati lasciate le carte, donne frettolose per l'ultima improvvisa spesa fattisi sulla via si soffermano qualche poco come se lo spettacolo laggiù in fondo li avesse incantesimati.
Quasi che il prodigio di luci fosse inaspettato e non d'ogni principio di sera. Allora inconsciamente facevano alcuni passi verso i platani, sostavano quel poco che bastasse agli occhi il rapimento di quei colori, e l'anima godeva d'un'estasi blanda, soave tanto da non sapersi dire.
Anche i contadini di via Ronchi, i Falilòn di via Nuova; i Tesàn e Giandùs della Viuzza; i Pugnulin di dietro la chiesa, come i Tavelòt di Zuccola, anche gli Scocs, i Pitta e Baradèl di Chiarisacco, e altri ancora, governate le mucche, uscendo dal semibuio della stalla erano attratti ad alzare la testa, a mirare il ciclo che andava rosseggiando. Sorridevano a denti stretti, una specie di ghigno più che un sorriso. Perché ce l'avevano con il Sole. Cosa gli avevano fatto? Niente. Lui, invece, dal principio di Primavera fin alla Domenica avanti la Sagra, cioè al 28 Agosto eccolo impassibile nel ciclo intento a rovesciare calura, senza soste, a inaridire l'uva appena invaiata, a rendere vuote le spighe del grano, a succhiare il latte delle pannocchie e dei prati fare una derisione di sparuti ciuffi d'erba. Poi venne

l'uragano. Roba da non poter dimenticare. Stava per venir sera, quella Domenica, e il Sole...

*N*el cielo che s'ingrigiva ecco apparire la timida pallida luce d'una stellina. Era il segnale per Settembre, il grande dipintore: s'affrettasse. Tra poco Notte sarebbe giunta per stendere il suo cupo mantello. Allora Settembre per la sua bella accendeva i suoi fuochi d'artificio. Era un guizzare dall'ultimo arco infocato del Sole di raggi cromati, d'un accendersi e spegnersi miriadi di faville, di lingue azzurre subito sovrapposte da altre violacee, paonazze, dorate. Notte, come pentita e quasi volesse scusarsi accendeva la luce a mille stelle. Pallida era, poi via via sempre più vivida. E le stelle erano a grappoli, sparse in gruppetti, ed era un godimento a vederle. Tremolavano in piccola danza come fossero invase dal godimento nel dare tanto piacere.
Intanto Nino de Ius (1), al secolo Nino Morandini, che abitava vicino al ponte dell'Ara, inforcata la bicicletta troppo grande per lui piccoletto, pedalava per le vie del paese per accertarsi che le lampadine dell'illuminazione pubblica fossero tutte accese. Era pagato per questo e per fare andare sempre di allegra marcia la centralina elettrica che Domenico Foghini aveva posto sotto casa, cioè nel mulino che ingoiava l'acqua del Corgnolizza, prima della strada del Campo santo. Questo avvenne alcuni anni avanti la guerra mondiale. Fu uno dei pochi beni che rispettarono gli affamati e stupiti invasori della loro facile vittoria.

*E*ra la luce che dava il Foghini, giallina, ma pur sempre una grande risorsa per tutto il paese, giù fino alle frazioni tutte, anche Marano. Tanto utile da consentire a Ernesto Mago, cioè al figlio di Mio Maran di costruire come niente fosse una sala circolare tanto grande da farne un cinematografo. Prima ancora che tale splendido mezzo di divertimento e di cultura sorgesse a Palmanova, a Latisana e in altri luoghi pur più grandi di S. Giorgio. Era l'anno 1911. Così il padre di Ernesto, Mio, ormai sulla via della vecchiaia poteva mettere in riposo la sua magnifica di ottoni e di lenti, ma anche puzzolente di petrolio lanterna magica, con la quale per molti anni aveva girato per i paesi della Bassa mostrando agli stupiti spettatori le bellezze d'Italia, la superba Capitale e poi tanti animali esotici che pareva stessero per uscire dallo schermo per azzannare. I Maranesi erano i suoi clienti più costanti. Famiglie intere andavano a pigiarsi nell'osteria fumosa, tutti a bocca aperta per la meraviglia. Da lì gli venne il soprannome di Mago. Che passò al figlio, e ai nipoti, e pronipoti. Dire oggi, 1966, Marie Maran chi può intendere? Bisogna dire Marie Maghe, e subito si presenta una bella donna di bell' aspetto, di modi molto gentili. Il di lei fratello va a trovarla in via Ronchi, abita in quel brutto grattacielo. Egli è conosciuto come Olinto Mago, in guerra formidabile carrista, figlio del fu Alcide Mago, quello delle sagre col suo tavolaz (2) E avanti con i Maghi, ce n'è ancora...

*M*agari una sola lampadina, ma ogni casa aveva la sua luce. Egli stesso, Domenico Foghini, andava a incassare il canone. Non c'erano contatori. I contratti? Venivano stipulati a parole. «*Sior Meni, no pues pajàlu chist més, il me omp al è ancemò vie...*» (3). Ed egli, d'in su la bicicletta: «*Va ben lo stess, Angiline, mandi*» (4).

Sul dopocena il velluto blu del cielo era tutto un luccichio di perle e di diamanti di cui la Notte s'era agghindata. Dalla parte di Lignano arrivava una leggera brezza. Passando tra i folti alberi dei boschi di Carlino, dei Galli, carezzando orti e giardini rapiva lievi profumi. Della sua frescura ne godevano gli assidui clienti seduti all'aperto del «Caffè all'angelo», quello dei signori, lì quasi di fronte alla Chiesa. E anche quelli dell'osteria «Al marinaio» sorseggiami il pesante vino di Latisana ammorbidito dalla gasosa con la pallina, seduti anch'essi all'esterno lì dietro la pesa pubblica, all'imbocco di via Ronchi.

Forse la delizia maggiore se la godevano gli avventori dell'osteria senza nome ma ben nota come Là di Zesarin, di fronte al palazzo comunale, sotto i due maestosi platani. Lì, Fiorante, il giovane figlio del corpulento oste, tutt'occhi fondi e scatti del magro corpo, sosteneva contro il parere del gruppetto d'amici che Girardengo anche nel prossimo giro d'Italia sarà primo a Trieste. La Società sportiva sangiorgina che fa? Dorme? Al passaggio dei ciclisti per il paese non sarebbe un bell'atto preparar loro bibite e panini? Il ciclismo, diceva, è superiore al calcio come sport. Perché la Sangiorgina non se ne interessa? Solo il futbol, diceva, pedate e basta. Ah, povera società sportiva, che nome di bimba le hanno dato. *Speremo che la cressa (5), xe vero*?

Intanto Amelia, l'appena preadolescente sorella di Ferrante, corvina di capelli a larghe onde, corpo flessuoso, bella come può esserlo una statuina scolpita nell'ebano da un insigne scultore, era uscita quasi furtivamente per rispondere al cenno d'invito che Mina Pitton, la briosa amica tutt'occhi nel viso scarno, scuro, le aveva fatto dalla strada: andar a passeggio. Anna, la sorella maggiore di Mina, se n'era già andata, da sola, sicura nella sua bellezza. Da sola, sì. Quel giovanottone forestiero, venuto or è qualche mese nell'Ufficio danni di guerra, altroché se è bello...

Come fare perché si accorga di lei?... Lo chiamano "*braghessate*" perché a i calzoni larghi in fondo come vuole la moda, ma lui ha esagerato. Questa sera, chissà...

La passeggiata notturna è una norma di vita per le donne. Quasi un obbligo. Ecco da via Marittima venire lis Topanis, le due figlie del segretario comunale Chiaruttini. Florida e bionda come una fiamma l'Emma, castana l'esile Anita, seriosa quanto l'altra è ridente. Spuntano da via Lovar, da quella che si può definire la casa di sole donne, due ragazze sicure nella loro avvenenza. Sono le figlie maggiori di «paron» Gilberto Pascolutti, Angiolina e Renata. Le altre sorelle hanno tempo, sì davvero. Dalla maggiore tra loro, Olimpia, giù dopo Irma, Giovanna, Gemma e Bice fino all'ultima nata da profuga a Firenze. Chiamata Edit, ma battezzata Linda. È ancora una bambina, amabile e pacciocchetta, tormentata dalle eterne aste della maestra Rosilde Bellina. Oh se ne ha di tempo dinanzi a se!

Presso la chiesa, venuta da Chiarisacco, ecco passare la figuretta di Nina Delosa, come al solito vestita di nero. Pensa che le doni, ed è vero. E' un po' preoccupata d'esser sola: la norma è rigida. Incontra Rosina Farès, libera dal suo lavoro paziente svolto lì in un angolo dell'osteria vicino casa Mauro. "*Rosina, alora 'sta telefonada a Palma? Xe più de un'ora che aspeto*".

Dalla stretta alta casa incastonata tra il lungo negozio D'Agostini e la Chiesa, cioè nella graziosa piazzetta del Plebiscito, ecco uscire le sorelle Orsaria, Leonilda e Maria. Occhi di carbone come i capelli, fianchi sottili come avessero addosso un busto troppo piccolo di misura. E il viso scuro, tanto da sembrar aver passata a Lignano tutta la stagione anziché un po' di pomeriggi domenicali a Spingión. Lasciate le biciclette tra Carlino e Marano, una barca a motore di buona volontà e con pochi soldi trasporta una ventina di bagnanti pieni d'allegria per poco più di mezzo miglio di canale. La sabbia della barena li accoglie con la sua calda sofficità. Lontanino, il pallido biancore della torre di Marano, a sinistra sfumato il grande verde di Lignano punteggiato dal rosso dei tetti delle poche case.

*S*pingión, la spiaggetta selvaggia, più che il lusso dei poveri è la felicità di chi sa godere del poco. La barca a motore ripartirà alquanto prima del tramonto. C'è tutto il tempo per entrare nel cinema dei Maghi. Secondi posti un franco, galleria due franchi. Ma lassù chi ci va? Il dottor Pausa sembra essere un abbonato, non manca mai; signore a coppie per farsi compagnia, qualche signora accompagnata dal marito dopo cena. Anche il veterinario Cristofoli è un assiduo; però vede solo mezzo spettacolo all' impiedi, poi se ne va tranquillo e massiccio. *Robe de siori*, insomma.

Via Emilia, la principale del paese, mai è così fervida di vita come in queste ore serali. Si godono il passeggio i clienti del caffè di Vico Chiaruttini. Quello dei signori All'angelo quasi di rimpetto a i clienti seduti. Quelli del bar Transwal, cioè del Griso, per un po' di sosta alle consuete assordanti partite di morra. Più avanti, di fronte all'osteria Al marinaio, sull'antico rialzato marciapiede di mattoni, prendono il fresco l'anziano ex sindaco Achille Cristofoli, la sua bella ancor giovane moglie Laura, alcune amiche e conoscenti. L'abitazione accanto è quella delle sorelle Flora e Marfisa: due graziose libellule. Chissà quanti voli hanno già fatto, e quanti ancora ne faranno queste due figlie di paron Fornezza Giovanni. Sono conosciute come *Chés da l'Eritree*, perché la loro casa in tempo già lontano era trattoria con l'insegna All'Eritrea.

Poco più innanzi da una finestrella semiaperta si vede il volto annoso delle Crovagne. E' un rischio: chi mai ha veduto quelle antiche signore se non soltanto al di là dei vetri?

Poi in mezzo all'andirivieni c'è una frittueretta di ragazzette dai calzini bianchi, da poco sbocciate sulla preadolescenza. Vanno a braccetto a due, a tre, intente a osservare se qualche coetanea sfoggia un po', almeno un po' di tacco. Ce n'è una, davvero aggraziata, il suo passeggiare è solitario, quasi di corsa. Un saluto svelto alle sorelle Sara e Maria Vanelli, un cenno del capo a Zita ed Emma Vivani... Ah, la moretta dagli occhi furbi, Resina Varone, ha le scarpe con i tacchi. Si proprio vero. Sosta un attimo per quattro parole con la sempre vivace Ida Foghini dal volto scavato, scuro. Si, anche lei tacchetti, due dita. Allora la pie veloce Rinetta se ne torna nella sua Zuccola, nella casa dello zio, sindaco Gelmo letri... Veramente egli... Insomma la adottò quale figlia che era bambina. Andò a prendersela in Cecoslovacchia quando le morì il papà. Questi era venuto qui, nell'11, tecnico per l'impianto del macchinario nell'appena costruito zuccherificio di Nogaro. Preso alloggio nella trattoria di Meni Dell'Olio, dopo un paio di mesi se ne tornò in patria portandosi via la sorella della moglie dell'oste che era sorella dell'agente rurale Guglielmo letri. Dunque, è una Kratochvilova, Rinetta. L'indomani, il macchinista della «Veneta», Graffirti, trasporterà a Palmanova in uno scompartimento tutto rosso di velluto di seconda classe - la terza, c'era anche la terza, sedili di legno - il sindaco e la nipote. A S. Giorgio non c'erano negozi di scarpe degni di tal nome: *dome (6) mulòz (7), scarpèz (8), papùzzis (9) e zòculis (10)* in abbondanza. Molti i calzolai. Si capisce: le scarpe dovevano durare anni, più dei vestiti.

*I*l ponte dell'Ara, una cosa da nulla. Di corrosi mattoni vecchi chissà da quanto, a poco meno di mezza strada tra San Giorgio e Nogaro, un centinaio di passi dopo Le statue, la cappelletta dove nessuno mai portava un fiore. Dentro, polvere e ragnatele. Eretta a suffragio d'un rabbioso laico ucciso da un fulmine mentre passava lì vicino? Oppure da un buon uomo che se la cavò con grande spavento e poi innalzò il tempietto onde porvi dentro, per G.R., cioè per grazia ricevuta, un quadro raffigurante quel momento della folgore che avrebbe potuto essergli mortale.
Sotto il ponticello faceva fatica a passare un filino d'acqua che si disperdeva nel fossato sopra la cui alta sponda correva il binario della ferrovia portante i vagoni merci al porto sul Corno di Nogaro. Scaricavano la rossa ciottolosa pirite perché la fabbrica lì a due passi la trasformasse in superfosfato. Questo polveroso concime chimico veniva caricato in vagoni, e via giù per tutta la Penisola, ma tanto anche in Austria.
Quando nel nogarese porto c'erano i trabaccoli - di capitan Gilberto Pascolutti, o di paron Fornezza e fratelli, del Turcato, di Geremia Bramuzzo o d'alcuni altri paroni sangiorgesi - questi trabaccoli venivano caricati di mattoni e tegole, di sacchi di biada e frumento, di odorose balle di fieno o di paglia, di botti piene di vino, e via i bei trabaccoli dalle ampie vele cui da non molto danno aiuto occulti motori. Via per i porti dell'Istria che al cominciar dalla dolce laurata Abbazia di cuore prende forma. La punta di questo cuore generoso è *"... a Pola presso del Quarnaro / che Italia chiude e suoi termini bagna"*.
Vero, capitan Coccolo Scordino, che questa affermazione è di Padre Dante? Tremano ancora le acque dell'isola della Galiola da quando ivi il Sauro inabissò

il suo tricolore. L'ombra del martire è vigile per l'ampio mare di Venezia e da *"Lussin, da Val d'Augusto vien l'odor di Roma al cuore". Zo le vele, Nina brusa el paion (11) che semo a Zara*, grida paron Pericolo chiamato qualche volta anche Antonio Colautti. Le coffe del suo trabaccolo Redentore lunghezza fuori tutto ben ventisei metri conoscono i suoni dei campanili di Grecia. Qui stiamo bene, ma anche più in giù se parla venezian, xe vero capitan Turcato?

*E*cco il lungo treno. Passa trascinato da una piccola vaporiera che sbuffa come per darsi importanza. Nell'ultimo vagone si sporge, ritto più che può, il manovale Toni Lavini. Alta nella mano tiene la rossa e verde bandiera di segnalazione, pronto a sgridare i ragazzi che tentassero d'arrampicarsi tra vagone e vagone. Anche lui come la piccola macchina tutta fumo e vapore, piccolotto com'è si dà importanza aggrottando la fronte, stringendo le labbra sottili. Chi sa, forse si crede d'essere il supremo dirigente della Transiberiana.
Eppure quel tronco di strada ferrata costruito per sola mercé avrebbe potuto -e lo potrebbe anche oggi, 1924- essere d'avvero importante. Infatti i Maranesi volevano che giungesse sino alla laguna. Addirittura dentro quella loro piazzetta che è davvero un campiello veneziano, a due passi dall'imbarcadero per Lignano. Roba stupenda. Signori in paglietta, donne dalle chiare vesti lunghe e bambini, tutti saliti a Vienna nella carrozza del treno vellutata di rosso e di bianco, scesi a S. Giorgio dove vetture a uno e anche due cavalli li portano a Marano, proprio davanti al vaporetto dalla ciminiera fumante pronto per traversare la laguna, attraccare a Lignano. Oh sì, sarà una bella traversata. Lì a Marano, il giovanottone maranese Guido Vatta è in agguato con la sua macchina a soffietto per scattare fotografie accompagnate da tanti sorrisi e dalle poche parole tedesche che sa: «*Gut...Frau...Oh freulein.* Si, quello essere vaporetto... Ja, ja, per Lignano... Bello, sì traversare laguna... Poco tempo, mezz'ora. Prego Frau vostro indirizzo, ja mandare io fotografia... Prego indiriz... *Adresse... Bitte... Aufviedersen...*».
Il male fu che il sindaco maranese, per l'opera intendeva spendere poco più di niente. Così, dopo un po' di polemiche, il sindaco di S. Giorgio, Ferrari, lasciò che il collega di Marano si rodesse con gli antichi e nuovi debiti comunali.

E' un pomeriggio sul finir di Settembre, tepido come fosse di primavera. Tra un paio d'ore il sole scomparirà in una fantasia d'effimeri colori, là nel fondo di Zellina. Sopra il piccolo ponte dell'Ara stenta a dissiparsi una coltre di polvere bianca improvvisamente sollevatasi dalla strada. «*In malorsega, Fabuio*». E' passata la corriera che da Udine, dopo quasi due ore, raggiunge Marano. Il conducente, e proprietario della corriera, rabberciata con visibile buona volontà, è un foresto, forse marchigiano, amico di tanti. Di cognome Narducci. È chiamato Fabuio, non si sa perché. Buon uomo davvero. Fa anche affarucci. Persino scombina fidanzamenti per legare matrimoni rapidi. Ma!
«*'Na bona tabacada, nomo putele?*» (12) soggiunge ridacchiando Fines, la ragazzetta che abita nell'alta e stretta casa quasi di fronte al ponte. Il padre, uno

dei tanti Pavon, più conosciuto come Manuèl, fa il muratore e a tempo perso il norcino, o viceversa. Ha due fratelli, Fines. Ezio è sui quindici, un anno, quasi due, meno di lei. L'altro da poco ha finito il servizio militare di leva.

«*Sì, propri buine chiste strade*» (13) fa l'amica Irma aiutandosi con la sua eterna stampella per sedersi sul parapetto del ponte.

«*Parcossa, quele altre strade xele forse mejo?*» esclama Rita stirandosi con una mano i neri slargati capelli tipo Africa parla.

«*Indulà? Tal pais (14)? Oh, per quela bagnadina che el Comun ghe fa dar una volta al giorno, savè che roba ...*» Ride Maria, la sorella di Irma, slargati gli occhi fondi che danno luce al faccino scuro dal mento aguzzo. Ha diciassette anni, poco più di due della sorella. Si sente vecchia vecchiona.

«Dove siamo rimaste, *frutis* (15) prima che la corriera ci desse la cipria?»

«Fines sosteneva che Lyda Borelli nella pellicola che vedemmo è tanto più brava della Francesca Bertini. Questa à momenti, tanti davvero, che commuovono. Specialmente quando...». Una risatella perfidina, ed è Fines ad interromperla.

«Oh, *frutis*, quando sta per svenire e allora afferra la tenda dietro il sofà, sembra proprio voglia arrampicarsi, salire fino al soffitto. Ma poi si lascia baciare sul sofà».

«Per conto mio», dice Irma, «preferisco Leda Gys. Vuoi mettere la sua finezza...» Però, lasciamo stare, ma «Le due orfanelle...» Tornerei a vedere quella pellicola che vedemmo Sabato passato».

«Anche a me» incalza Rita «m'è tanto piaciuta, ho pianto fin dal principio. E tu, Lavinia? Cos'hai oggi? Te me par *indolentrada*» (16) dice Rita, alla smilza giovanetta triestina da alcuni mesi ospite della zia Erminia Pascolutti in via Lovar.

«A dir la verità ero un po' distratta da quando avete cominciato a parlare di cinema. Ah, sì, a me... Gli ultimi giorni di Pompei... Mamma mia, tutti quei leoni, quella tanta gente... confusione di cavalli... Ah, ecco qua Zuccardi. Federico, arrivi giusto. Egli sì che sa dire...» Uno scoppio di risa tronca il dire di Lavinia. Sulla stradina, un sentiero, in salita fino al ponte ecco apparire il ragazzo a cavallo della saura che le giovanette ben conoscevano; ma è a rovescio sulla sella. Raggiunta la strada il ragazzo volteggia, sorride, fa un largo saluto con un braccio, smonta leggero.

«Ben trovate... Avete visto come fece Bertoldo quando volle presentarsi all'imperatore senza fargli l'inchino... Ridete? Lavinia, tieni tu le briglie? Uccio sarà tra poco qui. Passando per Villanova l'ha brincato il Dell'Ominut, quel grosso contadino che ha affari con il papa suo, e quasi di forza se l'è trascinato in osteria. Imaginarsi, proprio a lui un invito così».

Ines gli punta un dito. «Senti, Ferdi, tu che sai tutto, non per niente gli amici ti chiamano Sapienza» il ragazzo squote il capo e sorride «devi dirci se lavora meglio la Lyda Borelli o la Francesca Bertini.»

«Eh, mica è facile. Anche perché c'è la Pina Menichelli che prende tre milioni all'anno, mezzo milione di più delle due e allora...».

«Che c'entrano i soldi?» lo interrompe quasi indispettita la ragazza guardandolo dal basso all'alto. «E poi, tra parentesi, quando ti decidi a metterti le braghe

lunghe?»
«E questo cosa c'entra, Fines? Se avessi un fratello, anziché la sorella, un poco più grande di me, avresti visto. Vedrai la prossima primavera. Allora compirò i sedici.»

Il ragazzo ha un lampo di stizza, ma subito il sorriso la cancella. È lì ritto tra Lavinia che trattiene una redine della docile cavalla ferma come statua e le altre giovanette. «Altro se c'entra! Tre, tre e mezzo milioni all'anno. Quando in un angolo del caffè sento un brontolio come di chi prega, è mia mamma che da qualche ora aspetta un cliente e impreca contro la crisi. *Putèle*, sapete che crisi... Alla grossa: tre milioni della Bertini significano lire... lire duecentocinquantamila al giorno. Siccome un caffè costa come un giornale, cioè con un franco si compra quattro caffè... Bè, adesso mi perdo. Ah, ecco, evviva il caffè All'Angelo che mia mamma ha in affitto. Sentite, sentite: dovrebbe vendere .... di caffè al giorno. *Orco can, xe 'na roba mostruosa!* Invece in tutta la mattina vende il primo caffè al macellaio di fronte, Gino Morandini; poi un altro al Farmacista Facini, un altro ancora non è venduto ma regalato al muto Alcide Tonazzi, poveretto. Ci sarà qualche "*tajùt*"(17) a mezza mattina. Poi un altro caffè al tutto barba nera professor Cristofoli che il giovane macellaio à da poco servito. Costui non lascia passare un giorno senza lasciare che sia la moglie ad andar in macelleria. Immaginarsi. Solo lui sa quale pezzo è buono pur costando meno. Ritorna poco dopo per comprarsi II Corriere dal cartolaio gobbo, il Bassan. Al caffè All'angelo si leggerà II Gazzettino sorbendo il moka. Più tardi arriverà sior Tilio "*spiziàr*" (18), pancione ben in avanti, bastone di grossezza adeguata. Immancabile sempre nell'andare in ufficio la sosta del giovanottone Asco Alessi. Nel silenzio che precede mezzogiorno si sentirà il grido di Galliano Farès: sifoni! Un tempo sei sifoni dal bel vetro colorato bastavano appena per una giornata. Adesso ne avanzano dopo una settimana intera. Gl'incassi di una mattina non bastano neanche per pagare la luce del locale.
Ferdi è come sorpreso di sé stesso. Si passa una mano sui biondi capelli all'Umberto e: «*Cossa so mi de attrici che le sospira*? Niente o poco saprei dire. So che a Udine sono già quindici giorni che viene proiettata "Cabiria" di D'Annunzio. Una pellicola che ha sbalordito folle di americani per sei mesi. La daranno a Udine a cominciare da Domenica prossima, anche di pomeriggio. Una biciclettata con Uccio, se vorrà. È un po' di giorni che è musone, non o capito perché. Nervoso, selvatico, mi à detto: "*oggi, attenti che mòrsego*". Se no, vado da solo. Cabiria... O' letto sul Corriere che D'Annunzio a tratto la trama del romanzo di Salgari "Cartagine in fiamme", bellissimo. Anzi, il poeta a scritto le didascalie, e gli diedero, era il 1913, come fosse un bruscolo cinquanta mila lire. Un maestro elementare in quegli anni godeva, capito? di cinquanta lire al mese.»
«*Velu là il cavalìr senze ciavàl!*» (19) È la voce di Irma che così grida alzando la sua gruccia verso la stradetta che mena in alto sopra il ponte.

Il ragazzo viene innanzi, passo indolente. Con il frustino percuote or qua or là gli arbusti insecchiti. Adesso è sul ponticello, coglie la redine che Lavinia gli tende, accosta a sé il muso della cavalla, fa un saluto circolare con il frustino, che poi infila in uno stivale.

«È un pezzo che siamo qui» dice Rita «si stava...»

Fines l'interrompe: «Era Fredi, Federico Sapienza, che stava a insegnarci...».

«Io insegnare? Dì tu Lavinia se io... Dicevo solo quel che o letto. A proposito, Uccio: del Cabiria a Udine, *penseghe, se no qua al cine del Mago chi sa quando i lo darà, xe roba che costa. Mi vado.* Saluti a tutti.»

«Salendo quassù», dice Uccio, «pensavo che posdomani c'è sagra a Malisana. Più che mio papa è mia mamma che dovrei persuadere a lasciarmi attaccare l'una o l'altra delle cavalle al carro piano... Forse meglio la Rossa...». L'animale quasi avesse sentito alza e volge il collo verso il ragazzo. «Certo che sarebbe bello fare una carrettata di voialtre ragazze, e d'alcune altre, si capisce. Gli amici, sì che sono ballerini, lo sapete bene.»

«Oh, sarebbe bello, tanto», dice Rita, «Anche tu ci stai Fines, lo so. E tu pure Lavinia, dai.»

La ragazzetta interpellata resta muta. Non sa rispondere. Dove sarà Domenica prossima? Ci mancano tre giorni, ma addirittura domani? Nuovamente a Pirano, in collegio? Oppure a Gorizia, a Trieste? Con chi? Si smarrisce ogni volta che ci pensa.

«Certo che vi avvertirò, quante siete. E tutti gli amici della sagra di S. Gervasio. La lavata del temporale che prendemmo, orco cane. Cosa dici Rita? Sì che ci staremo tutti sul carro: Arturo Foghini, Rino, Adone Dell'Olio, Vanelli, sì Ciro, Nino Cristofoli, Zuccardi... *Ma el Sol el magna le ore, putèle. Ve savarò dir.* E poi, ancora? Na roba sentite, se non ve l'ha detta Federico: l'ultima Domenica del mese noi dell'Avanguardia andremo a fare una partita di futbol a Palazzolo. Il mio amico Michele Gregoratti ha avuto dal padre il permesso di usare come campo di gioco un medicaio tutto mangiato dalla siccità, vicino alla casa sua. Ci andremo con il carro. Sopra le solite quattro balle di paglia saranno comodi sedili per tutti. Gregoratti m'à assicurato che metterà in fresco nel vicino fiume angurie per tutti. *Sì che te ga de vignir anca ti Irma, per cossa no?*» S'avvicina alla giumenta, le slaccia il sottopancia e spinge la sella molto indietro per lasciar libero quasi tutto il garrese. Poi accorcia una staffa, tanto. Stringe per ogni dove i finimenti, senza dir una parola all'infuori d'un sommesso «poggia Rossa» nel far accostare la cavalcatura alla spalletta del ponte. Infila un piede nella staffa lunga, siede sul garrese, fa un cenno di saluto con il frustino mentre Lavinia quasi nel tempo stesso salita sulla spalletta del ponte molto agevolmente si adagia in sella dietro a lui e si rassicura della giustezza della staffa accorciatale.

Le tre ragazze fanno un festoso ciao con le mani accompagnato da tanti mandi.

Nella lieve discesa dalla strada ai campi la cavalla va a passo lento. Poi, raggiunta Villanova e sorpassato lo stradone di Chiarisacco, a piccolo trotto s'innoltrano in una stradina di campagna, è prudente, il cavaliere. Non per sé, ma per la compagna. Per la cavalcatura non c'è da impensierirsi: il terreno, ora, dopo il temporalone della settimana scorsa s'è rigonfiato di tutta l'acqua che sarebbe dovuta cadere nei quattro, quasi cinque, mesi precedenti. Niente prati duri come la pietra, niente buche dovute alla siccità nelle quali gli zoccoli della bestia potevano penetrare e le caviglie spezzarsi. In famiglia la Rossa era assai cara. Era stata posta in salvo, assieme alla compagna Grisa, nei tremendi giorni di Caporetto.

«Oh, Fer, non voglio chiederti perché... *Ti te xe paron de ti*. Però, dimmi... *Zuccardi m'ha detto che te morseghi*. Tanta fame? E contro chi? A me puoi dirlo, vero?»

«Se il destino, Inia, fosse una persona l'avrei sbranata. Si vede invece che sono condannato a essere sfortunato come *gavessi rosegà le tete a me mare*. (20)

«*Elalà, che roba grossa dici. El tuo xe proprio un venezian bruto, de gondolier*. Su, raccontami.»

«Sono quattro giorni che sto in casa solo per mangiare. Odio tutti. Be', quasi tutti. Dovevano decidere di me proprio quando per Livorno era scaduto il termine d'iscrizione...»

La ragazza si sente povera povera nel non saper trovare una parola valida di consolo. Sa quanto ci teneva l'amico all'andare all'Accademia della marina militare di Livorno. Vi fantasticarono nei giorni precedenti. Egli sulla Vespucci tra le grandi vele. Nei mari lontani a cogliere sensazioni per riempire libri a imitazione dello scrittore amato, Pierre Loti.

«Taci, vero, Inia? Se ti dirò che anno deciso di farmi fare una scuola di genere industriale, nientemeno che in collegio, a Vicenza. Che ne so di questa roba? Niente del tutto. E poi ancora collegio...»

A Lavinia viene in mente di suggerirgli che egli potrebbe frequentare l'Istituto nautico di Trieste. Lo aveva sentito nominare un giorno quando sull'argine destro di Porto Nogaro mentre la Rossa al passo li portava a Ausa Corno egli le disse che quel grosso e alto tubo di ferro davanti al quale adesso s'erano fermati, un po' piegato in alto a guisa di gru fu fatto erigere da Nazario Sauro. Aggiunse con fare un po' scettico: «Così credono molti Sangiorgesi».

*D*el martire capodistriano la ragazzetta non sapeva altro che quanto sentì da un disco in casa d'un'amica: "... 'e furon visti dalle tombe risorgere Oberdan, Filzi, Sauro e Battisti..." Morti come? In battaglia? Fucilati?»

«Dimmi tu che sai tante cose, Fer.» Il ragazzo le disse con voce piana: «Ignorantella» e le abbozzò un mezzo sorriso. Ella non se ne ebbe a male. Non era la prima volta che si sentiva rivolgere una parola che da nessun altro avrebbe accettata. Ma da lui, con quel modo che aveva di dire, tra l'indifferenza e la presa in giro, la voce bassa, calda l'accetto diventava un piacere. Una volta le disse persino "selvaggia". Quando? Alla sagra di S. Gervasio, quando tutta inzuppata di pioggia come fosse stata tratta dal fiume non voleva entrare nella cucina dei

Pantanali? No, forse quella notte là, alla pesca delle rane quando le cadde il fanalino nella grande pozza... Subito il giovanetto aggiunse con malcelata premura: "*Ti no te gà colpa, poareta. La tua scola, inveze.*" Adesso a quelle tre sillabe della parola impertinente ma dal suono come flautato gli occhi le si slargarono, illuminarono il viso della loro luce di smeraldo, calda. Sorrise. Disse: «Sì, Fer», quasi sottovoce, prolungando il suono.

«*Cossa te lezevi?*»

«*Mi? Gnente. Zerto che no me copavo de studiar, Fer. I compiti li copiavo da qualche stupida, pregavo senza vogia...*»

«Ma nelle ore non di scuola che cosa facevi?»

«Oh, le suore le me faseva far tanti ricami e ricametti... e dir tante bugie.»

«Tanti buchi in una tela ancora buona, insomma.» Risero. «Vedi Smeralda, dovrò trovarti un altro nome ancora. Ci deve pur essere un nome per chi come te non sa cose che la scuola avrebbe dovuto insegnare. Tu poi, nata Triestina e mezza Istriana...»

«Se ce l'ai un libro, so che me lo presterai, vero Fer?»

«Certo, Ina. Ce n'è uno solo, ti basterà. Per piangere.»

«A S. Giorgio di Sauro devono esserci stati almeno dieci e anche di più uomini di mare che lo conobbero. Nelle scorse vacanze di Pasqua, aiutato dal mio fratello Bruno li ò interrrogati quasi tutti. Non uno che avesse detto di non averlo conosciuto, neanche solo visto. Chi non aveva fatto con lui la strada a piedi da Nogaro a S.Giorgio? Chi, in difficoltà di navigazione non era stato rimorchiato? Chi non l'aveva avuto ospite in casa? Uno disse addirittura che il Sauro si portò dal sottomarino due materassi per poter dormirci in casa di chi gli aveva offerto ospitalità. Che bel tipo di ospitalità da offrire. Ti pare, Ina?»

«Ciò, no podeva bastarghe un solo de materassi?»

«Ma il bello è che questo generoso uomo di notte riportava con il proprio trabaccolo il Sauro da Nogaro a Lignano. Sì, perché colà (ma dove ancorato?) era il sommergibile Pullino e il suo comandante, il capitano di fregata Degli Uberti, cominciava a stufarsi ad attendere il suo sottoposto tenente di vascello Nazario Sauro. Le zanzare erano a nugoli. Che non si dimentichi quel benedetto uomo di riportare i materassi, se no sarà costretto a fargli rapporto e cinque giorni di prigione gli staranno bene. Un altro asseriva che Sauro quando veniva a S. Giorgio andava a dormire in via... nella casa di...Lasciamo stare. Sarebbe un offenderlo. Un' ingiuria cretina.»

«Ma tu, in quegli anni eri grandicello, e...»

«Ero sui nove. Lo vidi più volte a casa mia avendo egli affari di trasporto con mio padre. Una sera, qualche mese avanti lo scoppio della guerra, mio babbo, fratelli e sorelle ed io andammo a Porto Nogaro. Diommio quanta gente. Tutto S. Giorgio. Sul primo piroscafo - a fianco della caserma della Guardia di Finanza - c'era il sindaco Ietri; il maresciallo dei carabinieri; il vicequestore Renzenigo con alla mano il figlioletto Alberto mio grande amico e condiscepolo; il capostazione principale Langero e... e... A un tratto mi sentii sollevare, le ginocchia nude avvertire un che di stoffa e vidi una mano che m'alzava un poco l'ala del cappello di paglia e una voce calda leggere le parole dorate del nastro "Viva Trieste" e poi soggiunse: "*Cussi va ben, muleto*" (21) Accanto mio papa sorrideva compiaciuto. Io, confuso, non vedevo il momento di poter sapere cosa significasse quel "muleto". Mica mi piaceva quel nome affibiatomi di quadrupede. Dietro il piroscafo, ormeggiato a fianco della caserma delle Guardie di Finanza dove il Sauro, sempre sorridente faceva gli onori di casa, stringeva la mano di tutti, prua contro poppa erano ormeggiati i piroscafi.

Tutti in fila lungo l'argine del porto, ognuno in gran pavese, luci brillanti in ogni dove era uno spettacolo bellissimo, suggestivo, meritevole da essere ricordato in una lapide da murarsi nella parete della caserma.

Il capitano Sauro era raggiante: La beffa all'Austria riuscita in pieno. Quei cinque piroscafi erano della Società di navigazione capodistriana. Ancora pochi giorni e la requisizione sarebbe cascata loro sopra. Se la sentirebbe, Capitan Nazario, di portarli in Italia, al sicuro? Altroché, e di vero gusto. Il fiume Ausa egli lo conosce come l'occhio della sua donna. Un paio di giorni a Nogaro. Poi, compiute a Venezia le pratiche, rotta per Malamocco.

E' notte inoltrata, ormai. Quella tanta gente se n'è andata. Il capitano Sauro à fatto fatica a respingere i molti inviti d'ospitalità. Domani, di buon mattino, prua per Capodistria. Deve andar a sollecitare il rilascio del passaporto per sé, per il suo ragazzetto Nino. Certo che il figlio à bisogno di completare bene gli studi. A Venezia. Dove poi? Entra nella sua cabina sfolgorante di luce. A fianco del letto, sopra il bianco lavandino lo specchio riflette il suo volto. Pensoso. Non scarno, né grosso, neri i baffi, non folti, punte in giù. Poi le labbra si schiudono al sorriso, si aprono alla risata. L'ora è vicina, si dice. Tra qualche giorno, quando staremo per passare il confine a Torre di Zuino sarà una grande gioia. Nino, ziga viva l'Italia. Semo in casa nostra."

«E stato mio padre a persuadermi che tutti quei paroni o capitani di barca erano convinti di dire il vero, Lavinia. Quando il capitano Sauro trascorreva qualche ora a Cervignano tra un arrivo sull'Ausa e una partenza, oppure a S. Giorgio. Mica aveva scritto in faccia d'essere un sorvegliato dalla polizia di Capodistria per le sue idee irredentistiche. Né diceva ad alcuno che gli amici lo designavano Il piccolo Garibaldi perché di progetti navali per indurre l'Austria a muovere guerra all'Italia ne aveva non pochi, e fattibili. Per coloro che tu ài interrogato, mi diceva il babbo, era un capitano di lungo corso, mica niente, cordiale sì ma da rispettare mica da dargli del tu. Cosa vuoi ne sapessero d'irredentismo... salvo alcuni, certo. Scoppiata la guerra le barche di costoro furono requisite, tutte, e portate in vari porti, e i padroni richiamati alle armi o militarizzati a far servizio ben lontano da S. Giorgio.

*E*ccoci, vedi Inia, là in fondo? Quella lunga costruzione sotto il fitto verde degli alberi è la fornace, "Le Foredane". Guarda l'alto camino? Nella estrema sinistra vi abita il padrone. Un giorno verremo a vedere come gli operai scavano l'argilla, come fanno i mattoni, come vengono cotti...»

«Cotti, Fer? Ma quale giorno? Di me non so altro che qualcuno verrà a prendermi come si prende un pacco postale dimenticato, gli si cambia l'indirizzo...».

«Dovrai pure continuar a studiare. O vorresti fare subito l'impiegata?»

«Fer, non so. Nessuno mi ha mai detto una parola. Bè, un giorno, l'anno scorso a Pirano accompagnai papà nell'ufficio d'un avvocato. C'era una signorina, sì un poco più in età di me, svelta che non ti dico. E lui, l'avvocato, "Signorina, mi prenda questo, mi porti quest'altro..." E lei, sempre con il viso allegro andava, tornava, riprendeva a scrivere a macchina. Sì, credo che mi piacerebbe. E difficile scrivere con la macchina Fer?»

«Inia, io scrivo con due dita sole, adagio. Ugo, mio fratello maggiore, ne adopera di più e così è svelto. Mio papa non vuole saperne, egli che comprò il macchinone. Continua a usare il lapis copiativo o la penna stilografica; ci prova gusto a stendere la sua bella scrittura».

Succedono attimi di silenzio. Gli alberi della campagna tutt' attorno danno senso di pace. Ride lontano con i suoi canaloni bianchi il Musi. Il lungo edificio della fornace è lì, biancastro contro il verde scuro del lontano bosco. Egli à detto alla ragazza, che ritorneranno sì, nel luogo, un giorno. Ma quando?

Gli alberi svettano il fresco verde della loro chioma. Sì, bella è anche la sua Istria, la sua petrea città; ma qui, questi suoi tre mesi, la cerchia dei monti lontani, il fiume verde e sinuoso, le strade bianche... le amiche tanto cortesi... quei ragazzi così affabili e rispettosi... Sarà tutto da perdere? Lavinia non sa d'aver perduto la fanciullezza, da tempo. Ora è nel pieno della preadolescenza. Ne avrà di illusioni e delusioni, di gioie alternate a dolori, di fermi propositi e di abbandoni...

I campi tutt' attorno, dopo la grande pioggia di due settimane addietro si sono ricoperti come di una fitta peluria verdina.

Anch'egli si sente come un pacco postale dimenticato da spedire con un nuovo indirizzo. Ribellarsi? Sì, sì. Ma come? Alla sua incapacità sente l'amaro dell'anima salirgli in gola.

«Tienti, Inia» e la cavalla si butta a un galoppo leggero. Piacevole come una brezza di primavera. Poi, quasi improvviso a un trotto come di fatica. Il cavaliere la ferma. Smonta, verifica la fibbia di staffa della ragazza, l'accorcia d'un poco ancora. Risale.

«Com'è andata Smeralda?»

«Oh, Rossa, creatura mia, grazie.»

Il prato antistante è un vero invito. Pochi passi, un trotto che si fa sempre più corto come se la bestia faccia fatica ad avanzare, non sente lo sprone. Vien toccata dallo scudiscio, pochi passi sveltini. Su, Rossa, da brava. Zoppichi? Impossibile. Su, ancora un poco e siamo sulla strada, torniamo a casa.

Alla spronata la cavalla alza il collo, erge la testa, si vede che fa uno sforzo grande quasi voglia fare un balzo in su. Un breve nitrito, mezzo soffocato. È ferma.

«Tienti salda, Inia. Scendo».

Il ragazzo s'aggrappa con una mano al pomo della sella, con un piede tasta il terreno: lo stivale affonda. Come affondati sono gli zoccoli, oltre gli stinchi; più gli anteriori degli altri. La saura ha la pelle che freme. Forse per gli sforzi che fa per cavarsi fuori le zampe? O è invece tremore di paura? Il giovanetto, riassestatosi a cavalcioni guarda la strada avanti a sé. Proprio lì fa una grande curva. La conosce bene. Subito dopo c'è il bel ponte di legno, poi Porpetto, il paesino dalle grandi oche. Perché non passa nessuno? Ah, il Sole è piuttosto basso, gli operai della fornace se ne sono già andati. Proprio tutti?

«Su Rossa, creatura mia» dice la ragazza. Ed ecco che la povera bestia, quasi abbia riconosciuta quella voce amica, anche se ora bassa, malsicura à sollevato un poco la zampa di destra due, tre dita...

Il giovanetto le sussurra in un orecchio parole di lode, d'incitamento. Ma queste si fanno grevi d'un timore angoscioso non appena gli stinchi tornano ad affondarsi, ed uno più dell'altro così che tutto il corpo è inclinato di fianco, coperto di sudore, la pelle tremante, tra poco le ginocchia toccheranno il terreno molle.

Il ragazzo per alcuni istanti non vede la strada innanzi a se, ma il padre addolorato che gli dice: "*Poareta tanto bona la jera*". Dunque morta la Rossa? Possibile? C'è confusione nella mente del ragazzo.

*E*rminia, la zia della sua amica, eccola andata a lamentarsi presso la madre come fece l'indomani della notte di pesca alle rane, là nelle grandi buche subito dietro i binari della stazione ferroviaria.

«*Su le bontàt de to fì, nuje (22) de ze disi. Ma, comare mia el xe imprevidente, riscioso. Una volta me la porta a rane, col fanal fin le diese de note. Povera Lavinia tornada a casa tuta sporca de fango che no te digo, perfin che la spuzava.*» «*Jera tanto bone le rane. Anche ti frite? Xe vero Erminia?*»

«*Eh, ridi ti. Un'altra volta me la tien te l'orto in mezo a le api a riscio che i la sponza tante che le jera. Se poi anca murir co le xe tante, te lo sa...*»

«*Bon el miel che i ga cava, xe vero, comare? Con loro jera anche Olinto, el fio de Alcide Mago, ciò, come... aiutante. El puteleto el ga ciapà 'na becada te la codopa (23) e un'altra sotto un ocio. Sgionfadure cussì. Dopo tre, quattro zorni come gnente. Tasi, te farò dar un altro vasetto.*»

«*Eh, comari ciàpile tu a lizèr (24). Cossa go de dir de la sagra di San Gervasio? Saputo tutto dopo una settimana. Portata a ballare - pensete la ga ancora da far i so quindese - a S. Gervasio, in bicicletta da quattro e più amici de tuo fio. Tel tornar a casa el temporalon che xe sta quasi i li nega se no i fa svelti a ripararse te la casa dei Pantanali a Zellina. Gigia e sua nuora Angela le sburta i fìoi te la stala: che i se sughi con la paia, mostri. Lavinia in cusina come so mama la ga fata, in piedi sul fogher i te la volta davanti el fogo de qua e de là come se fa brustolar un polastro prima de meterlo in tecia (25), intanto che la nuora la ghe stira la biancheria e el vestito, ciò, apena compra là de Bet, fatto dalla sarta Zaina, pensete.*»

«*Si, Erminia, so. Me fia Delia me l'à contada savuda dal fradel. E a ti?*»

«Lavinia. Ela tuto la me dise, magari no subito. La te disarma co la te fa tuta tranquilla: "Zia, male non fare paura non avere". Però... però Lunedì passato tuo fìglio (ga da una man persino tuo marito con el fìo Ugo, pensete). Siete un poco tutti mati? Jera anca el magheto Olinto, el fìo de Alcide Maran, al solito. Po' no i te mete a pestar uva nel mastello! E chiste stupidute, tant contente come che fos in Paradis. Il bello xe, Lala cara, che noi voleva più andar via.»
«Chi? El Magheto?»
«Po, no! el color blu delle gambe de Lavinia. Fino al zenocio. Grata che te grata per più de due ore, ma sì quattro giorni sapone spazzetta e persin varechina.»
«Per forza: i ga strucà anche la uà Clinton e anche la Bacò, te capirà. Varda, Erminia, no sta andar via senza che te faza dar un fiasco del vin fato da tua nipote. El xe ancora dolze.»
«Grazie sì. Ma speta, ancora 'na roba: la porta a cavai, i me ga detto, sentada drio. Con tanto che ghe gavevo racomandà de no, e no anca perché no la par bon. Te parelo, comare? E ela a dirme con la solita sua grazia: "Xe bel, me piase tanto." Me marìo, Berto, avendoli visti un giorno su l'arzene de Nogaro, inveze de giutarme el ghe ga zigà ridendo: "uomo a cavallo fossa mezza aperta". Come averghe dito va pur, ti.»
«Po ben, comare, el proverbio noi nomina donna. In compenso, mia fia Delia la porta col birocin, e la fa che un poco la tegna le redini. Le va a la matina a Pampaluna, de qua e de là a fighi e ovi. De tua nevoda la dise che la xe tanto bona. Ma Erminia, dime, suo papà xe vero ch'el torna a sposarse? Speremo ben povera fìa. Tua sorella, povera, cussì ancora zovane... Ah, quella febbre spagnola, più morti che non la guera... Ma dime, la toseta come la ga cjapada?»
«Par che la gabia paura de domandar.»

  Adesso il ragazzo si accusa. Non doveva entrare in quel piccolo prato. Ma era così bello, tanto invitante con quel velluto d'erba spuntata con forza dopo l'abbondante pioggia scaricata dal temporale. Come avrebbe potuto capire ch'era infido?

«No, Inia, no no... cosa fai? Guai se smonti. Dici che sei leggera.? Tentare perché tu vada a chiamare soccorso?»

«No, sta' in sella. Anche se sei di poco peso...» A' un brivido al pensiero della ragazza, che il terreno, quel maledetto terreno la succhi piano piano ma inesorabilmente. Ed egli lì, davanti a lei, seduto sul garrese... Adesso prova un senso di vergogna. Ma che può fare? Presto sarà sera... Si sente umiliato nella sua impotenza. Adesso ridicolo, sì proprio ridicolo. Allora reagisce come può. Possibile che là in fondo, nella fornace non ci sia rimasto un guardiano, qualcuno? Grida aiuto più forte che può, a riprese. Gli si aggiunge la voce della ragazza. Finalmente, due uomini passano sulla strada.

«Ohe, umins! Làit, ta fornàs, doi breons... us prei...» (26) I due si fermano, atteggiamento stupito. Proseguono. Forse sono ubriachi. De Losa à vino buono, il dirimpettaio Toni Barbarossa gli fa concorrenza con aggiunta la vista della bella

biondissima moglie.

Passano minuti eterni. La ragazza, mani sul pomo della sella, capo chino su una spalla, volto stretto, spallucce abbassate sembra la statuina della tristezza.

«Quello che avanza in bicicletta, il capello panama... Inia, Inia, lo conosco, è il padrone della fornace. Sior Nardone, sior Nardone, el ne juti!»

Il signore frena, abbandona la bicicletta sulla sponda del fossato, lo sorpassa, è sulla capezzagna.

«El stia fermo lì, Uccio. Anche la signorina. Ritorno subito.»

«L'ò visto tante volte a casa mia. A' affari con mio fratello Ugo. Non gli o mai parlato, soltanto salutato quando m'imbattevo in lui per strada o in casa. Inia, siamo fortunati. Che? Adesso piangi? E prima niente. Non avevi paura, prima? Bastava vederti la testa piegata.»

«Oh non ti dico... Paura tanta che... No, non ti dico che... Forse la bella gualdrappa rossa...» Il ragazzo si atteggia come chi non sente o non intende. Le dice con tono indifferente: «Adesso sta' contenta, dunque». Ed ella, come sospirando: «Pregavo, sì».

«Soltanto per te?»

«Per tre creature. Ma smisi presto. Perché mi confondevo... Come? *Così, fazevo tuto un pastrocio. Così: ave Maria salve regina, pater noster libera nos mater dei ora prò nobis...*».

$\mathscr{D}$alla stradina che viene dalla fornace s'avanzano due giovani operai in maniche di camicia reggendo per le estremità tre lunghi grossi tavoloni. Li posano sulla capezzagna. Dopo poco altri tre gli vanno sopra portati da una donna in grembiule e da un uomo anziano. Giunge il signore, senza panama, rimboccandosi le maniche della camicia, seguito da un giovanottone dalla faccia rossiccia, sorridente reggendo una vanga e una corda a più giri sulla spalla.

Il ragazzo lo riconosce. Sta dietro a Rosuta Sartori, la figlia di Bepi cialiàr (27). O, forse, viceversa. Il signor Nardone da ordini precisi, con calma. *«Sburtait il prim breòn, ohilà, cussi planchin fin dónge i sgarez da bestie... No, bàstin, vait a cioli ancemò taolóns, ma di chei curz...»*(28)

Lentamente si forma sotto la cavalla lungo i fianchi e per traverso un rassicurante tavolato. Su questo scende il cavaliere e aiuta a fare altrettanto alla compagna. La sospinge pian piano fino alla capezzagna. Al di là c'è il signor Nardone.

«Ecco signorina, il più è fatto: c'è un saltino da fare, mi dia una mano.» Inia è tanto confusa che si dimentica di ringraziare il salvatore.

Il ragazzo, di nuovo sul tavolato, scava con le mani attorno a una zampa della Rossa.

«Uccio, venga qui, ci vuole la vanga» grida il Nardone agitando un braccio.

«Volevo provare se veniva su almeno un poco, ma è tanto in fondo, quasi tutto lo stinco.»

Il fratello sorridente, Artemio, lavorava di vanga attorno alla gamba sinistra. Ecco, con tanta delicatezza per non ferire la bestia a raggiunto lo zoccolo, con le mani allontana il terreno, quasi tutto sabbia che tende a ricoprire lo scavo e lega attorno lo sperone, cioè appena sopra lo zoccolo, il capo della corda portata con sé. L'operaio anziano gli porta un'altra e ritorna sulla capezzagna tirandosi dietro il capo della prima, mentre Artemio rifà l'operazione attorno all'altra gamba. Adesso i capi delle due corde sono sulla capezzagna. Ansioso il ragazzo è ritornato sul tavolazzo.

«Credo basti così» dice il signor Nardone. «Adesso tirare piano, senza strappi.» Miracolo. I due zoccoli anteriori la corda tesa li tira avanti, li alza. Sembra che la Rossa assecondi ciò che fanno il ragazzo e il giovanotto: posare gli zoccoli sopra il tavolone. Oh, la bestia alza il collo, scuote il muso ed è ritta sui garetti. Dalla capezzagna la cameriera batte le mani e grida: «*Oh tant brave le bestie*». Lavinia a gli occhi fissi sul ragazzo e Artemio, che ora ripetono la manovra sulle gambe posteriori. È più lunga della precedente, ma riesce con il battimani dei presenti sulla capezzagna e una discreta infangatura di Artemio e del giovanetto suo aiutante.

Signorina, m'à detto che lei è di Pirano. O' mandato un bel carico di tegole al costruttore Petronio. Quando tornerà nella bella cittadina?». Lavinia stava sorbendosi la cedrata col sifone mai provata così deliziosa appena portatala dalla cameriera, quando, sorpresa, a un sussulto che per poco non la fa sbruffare. Riesce a farfugliare che non sa, verranno a prenderla tra giorni, forse anche domani... La salva Fer che entra nel tinello dopo essersi ben lavato nella fontana del cortile, pulito gli stivali, rassettatosi, lavata ben bene anche la Rossa con l'aiuto del guardiano notturno della fornace e dello stalliere.

«Siete per fortuna capitati sopra una cava dismessa perché non dava più argilla buona. Come fanno i Veneziani per tappare una buca?» dice il signor Nardone con tono un po' da ciarla e un po' serio. «Fanno un'altra buca. L'abbiamo riempita di sabbia poco prima che capitasse quel furioso temporale del mese scorso. Così la sabbia s'è impregnata di tutta l'acqua d'un anno. E' andata bene per voi. Chi sa se Salgari abbia mai fatta un'esperienza come la vostra, eh ragazzi?»

Lavinia avrebbe voluto domandare come sarebbe andata diversamente, scesa la notte. Chi avrebbe udito i loro richiami? Ma non osa, sente un sottile brivido percorrerle la schiena. Com'è gentile questo signore, tanto. Le sembra d'averlo già visto. Ma dove? A' un'eleganza, come dire? non sfacciata, sobria. I calzoni di flanella gialletta, un po' larghi in basso, cravatta a fascia di piqué candido, capelli neri ben scriminati, lucidi di colgate. No, non era lui. Ma uno che gli somigliava molto. Specialmente nel parlare... Ah, sì è stato nel cortile del suo amico: il di lui fratello maggiore. Ugo. Era su una sedia a sdraio, sotto la grande pergola d'uva. Timida, a mezza voce, gli chiese del fratello" *se quel mato, là el xe in fondo a l'orto tra le sue api*". Aveva un mezzo sorriso che... E poi anche quando si trattò di cogliere l'uva per farne vino egli le appoggiò la lunga scala contro il muro sotto la pergola della vite. Lei non fece in tempo a salire sul secondo gradino che egli, con sguardo tra il serio e l'ironico che pareva avere una specie di presa in giro, seppure la voce era benevola, le disse: "*Su per le scalete prima i omini, pò le siorete*". La sollevò afferrandola con un braccio per i fianchi e la pose a terra e con una mano leggera la sospinse dietro il fratello. Costui pensò che sarebbe stato il caso di dirgli che giorni addietro, a Marano, nel salire le scricchiolose ripide scalete di quel campanile la vecchia custode, tutta seria com'era tutte rughe gli disse: "*No, signorin, ai omini el primo scalin*".

Anche se in rima, davvero non c'era alcun bisogno. Molto tempo addietro in una delle prime cavalcate, la ragazzina nello scendere di sella senza aspettare l'aiuto del giovanetto si lasciò scivolare giù, e la gonna le si arrotolò quasi fino alle ginocchia. Egli finse di non essersene accorto. Nelle seguenti passeggiate a cavallo ella anziché l'intimo indumento bianco -sembrava confezionato con uno scampolo di vela tanto appariva grossolano il tessuto- portava i neri calzoni alla zuava quale studentina delle scuole "complementari". Guai a dimenticarsene nelle lezioni di ginnastica: qualche saltino di pochi centimetri, in fila per tre, fronte sinist, avanti mars, e così via rischiando. Davvero, il fratello del suo amico e il signor Nardone avevano molta affinità nell'eleganza sobria nel vestire, nella gentilezza dei modi, e soprattutto in quel particolare leggero sorriso che spesso appariva sulle loro labbra. Ciò Lavinia l'aveva notato anche nel fratello minore di Ugo, Uccio. Che strana eredità. Buona, però. Sembrava una mezza presa in giro. Ma non era così. Quel sorrisetto era come un fiorellino tra le loro labbra, un segnale per significare gradimento, disponibilità, concordia di sentimenti, affetto disinteressato.

*U*ccio, al sentir nominare il Salgari ebbe un tuffo al cuore: oh, anche lui! E subito ebbe un moto di maggior simpatia, aumentò la stima e la riconoscenza per l'uomo che ora affabilmente li ospitava. Si meravigliò di non aver mai pensato al suo grande infelice autore che con tanta efficacia aveva descritto le mortifere sabbie mobili mentre egli stesso là, nella buca sabbiosa...

«Uccio, m'ànno detto che lei è apicoltore formidabile...».

«Signor Nardone, cosa dice? Mi piace, quando sono in vacanza, curare cinque arnie, no, quattro perché una m'è morta in primavera dopo la sciamatura, non so...»

«Eh, le sciamature bisogna evitarle, comprare una regina vergine...». E' la voce di Artemio, appena entrato, tutto ben pulito, rassettato.

«Comprare? Non sapevo» confessa il ragazzo come per dire: insegnatemi. Lavinia è curiosa di sapere "anche" questa. Quel giorno che assistette al volo d'uno sciame nell'orto dell'amico ed egli le disse con parole piane il perché di esso, poi nominando i fuchi, cioè le api maschio, disse che erano tanti lazzaroni, dei mangioni a ufo, produttori di nulla, capaci soltanto d'inseguire a più non posso la regina nuova che, poveretta, era uscita per farsi una tranquilla passeggiata nel cielo sereno. Li seminava per la strada quei fannulloni. Meno uno, il più resistente e veloce. Raggiuntala, questo brigante compiva il volo nuziale. La regina sarebbe ritornata nella sua casetta, avrebbe cominciato a deporre uova, tante, per tutta la sua vita. Sì, aveva capito. A scuola non le avevano detto altro che l'ape è "un insetto industrioso", come il baco da seta che "si chiama filugello". Però non era ben sicura. Tant'è vero che un paio di giorni dopo, con quella sua voce che nelle domande aveva un che di preghiera e di scusa, gli disse: "*Fer, cossa voi dir nuziale?*"

«Sì, se vuoi» prosegue il giovanotto «ti do l'indirizzo di alcuni apicoltori specializzati nello spedirti quante regine vuoi»

«Spedirti?» fa Lavinia sbalordita.

«Sì, per posta, in una gabbietta di filo di ferro. Massimo due, tre giorni di viaggio» risponde sorridente Artemio.

«Mio fratello, nella nostra campagna di Terenzano, cura, non da solo, una cinquantina di arnie. D'estate vengono portate in montagna, ad Arta...» dice il Nardone.

«In villeggiatura, oh!» interrompe la ragazza. «Ma perché?»

«Sì, signorina. E perché in montagna trovano quei tanti fiori che qui hanno già dato il loro polline. E lei, Uccio, buono il raccolto?»

«No, signor Nardone, scarso. Per fortuna tutto di acacia».

«Si capisce, con quel po' po' di siccità che c'è stata. Di acacia è pagato di più, sapendo...»

«Ah, signor Nardone, qui da Vivani, da Varone o peggio da Vanelli, dove porto una parte del miele, dopo quello che regalo, per loro il miele è tutto eguale. Pochi soldini, ma mi piace così perché tutti miei».

«Grande o piccolo che sia è un buon commercio. Mio fratello Artemio ha fatto un calcolo: considerando spese e guadagni, le api rendono quattro volte di più delle mucche. Io preferisco fabbricare mattoni: costruire. E lei, cosa vorrà fare?»

*I*l ragazzo resta sorpreso. L'incidente delle sabbie mobili, la grande preoccupazione di pericolo, l'affanno per i soccorsi che non arrivavano, l'ambascia per la sua amica nonché per la povera bestia che le mille mani della sabbia bagnata tenevano radicata in profondo... Sì, sì, egli e la giovinetta indenni, però, come presentarsi in casa e dire... La bestia era cara a tutti di casa. Questi sentimenti avevano cancellata del tutto la sua vicenda scolastica incresciosa.

Pazienza, tanta per il niente alla desiderata Accademia di Livorno, boccone duro e amaro da inghiottire... ma l'avergli già deciso il collegio... Ancora un volta altri scelgono per lui?... Altre persone, i grandi, i grandi che mai capiscono i giovani, mai e mai, eccoli che si arrogano il diritto di forzarlo in una strada che egli non conosce. Di essa non sanno dargli che qualche vaga indicazione. Tecnico industriale, oggi l'avvenire dei giovani è negli studi di elettricità... Avete visto il ferro da stiro comprato or è poco? Un ferrone... Aver fatto pagare il biglietto per vederlo, eh sì che sarebbe risultata una bella sommetta, tanti furono i curiosi. Perito industriale: egli che ne sa? Forse un po' ne verrà a sapere di più, o molto di più del fabbro Toni Bolis? Quell'uomo di statura alta, massiccia che a l'officina nella via Nuova? Ma quello non à il cervello ingombro di studi. Quand'è di cattivo umore, o quando un bicchiere gli è stato di troppo eccolo, in osteria o nell'officina: le sue braccia nerborute, le sue grandi mani atteggiarsi a gesti in accompagnamenti alla voce che scandisce pezzi della Divina Commedia. Quando recita i versi riguardanti il conte Ugolino le sue mandibole s'aprono e chiudono in modo da sembrare più possenti di quanto in realtà siano. L'imitazione dei morsi paiono dargli acre godimento. Sembra il suo essere il canto di vendetta contro la vita, la sua, non certo grama ma neppur facile.

Il ragazzo vede squarci della propria esistenza scorrere rapidi più che lampi. Il collegio? Una prigione. Le scuole? Tolti i due anni di scuola materna senza il relativo spirito infantile, ne à fatti otto anni di così detto studio. Un bel pezzo di vita castigata, costretta a comandi di presidi, di maestri, di bidelli, di professori. A costoro più o meno gonfi di caricato sapere, nessuno insegnò a insegnare. Come fanno le api nell'arnia con le larve, masticano cose già trite. Di nessun valore, da sgombrarne la mente al più presto. La coercizione è assoluta, viene paludata quale virtù. Schiaccia i cervelli dei giovanetti, umilia i loro corpi, esacerba il loro naturale istinto di libertà. Dentro la scuola tutto agli scolari è proibito. Persino l'immediato annullamento d'un bisogno fisiologico è concesso previo innalzamento d'un braccio con due dita distese e la bocca a smorfia. Brutta prigione davvero. I fanciulli, i preadolescenti e gli adolescenti, i giovanotti sono anime alle quali si deve lasciar crescere ali per i più ampi voli. Chi à dato ai grandi tanto potere di avvilimento, tanto arbitrio sulla libertà dei giovani? Di prigioni si tengano solo quelle per i delinquenti. Si chiudano tutte quelle prigioni chiamate scuole. Milioni di esser umani in crescita se ne avvantaggeranno. Ognuno svilupperà da sé il proprio cervello senza bisogno d'alcun stampo. Il corpo a seconda delle proprie attitudini. Lo spirito a proprio piacimento.

Il giovane cavaliere dalla sorpresa passa alla maraviglia. Nel tempo d'un batter di mani, come nello schermo di cinematografo ma con scene tanto più vorticose à visto sé stesso nei suoi otto anni di scuola. E stava per gridare nel risentire il pungere dei dolori di quel tempo sciupato, delle ribellioni represse, del morso dei desideri non esauditi, delle umiliazioni, subite per punizioni stupide, della nausea... sì, anche... E gli verrebbe voglia di confidarsi. Oh, senza gridare, è in casa altrui... È certo che l'ospite tanto cortese saprebbe dirgli cose giuste. Ma...

«Che cosa vorrò fare, signor Nardone? Andare ancora a scuola, è certo. Anche se il solo nominarla m'incupisce l'anima. La fa rabbiosa. Perché non so quale scuola. Vorrei venire domani qui da lei perché mi consigli... ella sì che saprà dirmi...»

«Volentieri, ma non qui. Domattina, devo andare a Udine, passando per Terenzano la lascerò con mio fratello Artemio a casa nostra, così egli le mostrerà il suo apiario. Vero che ne avrà piacere? Cosa dice? Non c'è niente di ringraziare. Verrò io a mezza mattina a casa sua a prenderla. Durante il viaggio potremo parlare. Ma cosa dice? Né a suo fratello Ugo né a nessun altro dirò dell'incidente d'oggi. S'immagini. Siamo amici, vero?»

Il ragazzo come stupito, l'animo placato afferra la mano aperta che gli viene tesa, e stringe forte.

Con quella stretta di riconoscenza e d'abbandono non sa d'essere entrato in pieno nella preadolescenza. Gaudiosa, anche se insieme sarà penosa. Paradiso e inferno.

$\mathcal{L}$a giumenta li precede a corto passo sulla Semide, la galleria di annosi platani. In alto il cupo verde del fogliame è chiazzato qua e là di giallo e di marrone. Sono i primi addii che la bella Estate manda al suo Settembre.
La cavalla ben lavata e strigliata, perfino gli zoccoli le à lucidato il cortese stalliere della Foredana, orecchie dritte, froge slargate al sentore di stalla che sempre più le giunge acuto, le redini a penzoloni procede sicura.
Sorpassato il ponte di legno del mulino dalla grande ruota iridata di spruzzi infila il sentiero a fianco della "fàrie" di Bagas. Lì il Corgnolizza scende da Zuccola, dopo il ponte di legno dona la sua acqua verdina ai lavatoi dei cortili delle case di via Aquileia e poi, raggiunta la Semide, passato il ponte gioca con la grande ruota e scompare nel mistero verde del parco Canciani.
I lavatoi sul vispo Corgnolizza sono deserti. In un cortile una donna scuote ad arco il cestello del radicchio. I comignoli delle antiche case tutte in fila spandono nell'aria rosa del tramonto allegri pennacchi di fumo.
«Rossa, ferma, Rossa, ò detto». La buona bestia s'arresta, volge il collo. Sembra domandare il perché del comando, ora che l'odor della stalla lo sente più intenso.
«Ecco, Inia. Siamo sul ponte di Zuccola. Quattro passi e sei alla chiesa. Pochi di più in via Marittima e a casa, in via Lovar.»
"Sì, Fer.»
«Scommetto che tua zia Erminia è sui gradini chissà da quanto tempo. Che cosa le dirai?»
«Che un signore m'à chiamata tre volte signorina.» Nel dir così s'è alzata un attimo sulla punta dei piedi. Ridono.
«Io? E io dirò che mi dava del lei». Attimi di silenzio. Poi il ragazzo si mette in arcione e: «Tu a sinistra, io a destra la stradetta del cimitero; in paese prenderò la Viuzza». Ancora una pausa di silenzio.
Nell'ultima luce del crepuscolo un gruppo di rondoni, collo bianco sul vestito nero, in onore del Sole morto là in fondo, dietro gli alti alberi fanno le loro danze acrobatiche.
«Smeralda, bisogna andare.»
«Sì, Fer.»
Andare.

Ferruccio Costantini

(1)   Lus = Luce - friulano.

(2)   Tavolaz = Tavolaccio, grande piattaforma di legno da posarsi sul terreno per il ballo all'aperto. friulano.

(3)   Signor Meni (Domenico) non posso pagarla questo mese il mio uomo è ancora via. friulano.

(4)   Va bene lo stesso... Addio.

(5)   Cressa = Cresca. Dialetto veneziano.

(6)   dome = soltanto.

(7)   mulòz = calzatura con grossa suola di legno e tomaia di pezza senza la parte coprente il calcagno.

(8)   scarpèz = come la precedente ma con suola di cuoio.

(9)   papùzzis = pantofole.

(10) zòculis = zoccole. Tutte voci di friulano.

(11) Zo = giù ; brusa = brucia; pajon = paglitriccio; semo = siamo.

(12) Putele = ragazze. Dialetto veneziano.

(13) Buine chiste = buona questa. friulano.

(14) Indulà tal pais = Dove nel paese. friulano.

(15) Frutis = Giovartene. friulano.

(16) Indolentrada = addolorala. Dialetto veneziano.

(17) Tajùt = bicchiere. friulano.

(18) Spiziàr = farmacista.

(19) Eccolo là il cavaliere senza cavallo. friulano.

(20) Come avessi rosicchiate le tette a mia madre. Dialetto veneziano.

(21) Muleto = fanciullo. Dialetto veneto.

(22) Nuje = nulla. friulano.

(23) Codopa = collottola. Dialetto veneziano.

(24) Lizèr = leggero. friulano.

(25)Tecia = casseruola. Dialetto veneziano.

(26) Sburtait = spingete; breón = tavolone; donge = vicino;
        sgarèz = garretti; vait = andate; cioli = prendere;
        ancemò = ancora. friulano.

(27) Cialiàr = calzolaio. Dialetto friulano.

(28) Curz = corti.

INDICE

I Pascolutti	Nino Zaina	a.1994	pag. 2
La Famiglia Muschietti	Rudi Volpat	a.1996	pag. 6
Fuga da via Lovar	Rudi Volpat	a.1993	pag. 13
Lieto ritorno dalla Sicilia a via Lovar	Rudi Volpat	a.1994	pag. 18
A Solarino	Orazio Sudano	a.2005	pag. 30
Rivelazioni sulla drammatica notte alla Galiola	Carlo Tigoli	a.1995	pag. 45
Profughi	Nino Zaina	a.1992	pag. 54
Il principe caporale	Rudi Volpat	a.1995	pag. 59
Emigrazione	Nino Zaina	a.2000	pag. 62
Come giocavamo	Nino Zaina	a.1989	pag. 68
1915 e dintorni -ospiti illustri-	Nino Zaina	a.1990	pag. 73
Il ponte sull'Ara (novella)	F. Costantini	a.1995	pag. 77

Lightning Source UK Ltd.
Milton Keynes UK
UKHW031852110621
385375UK00004B/450